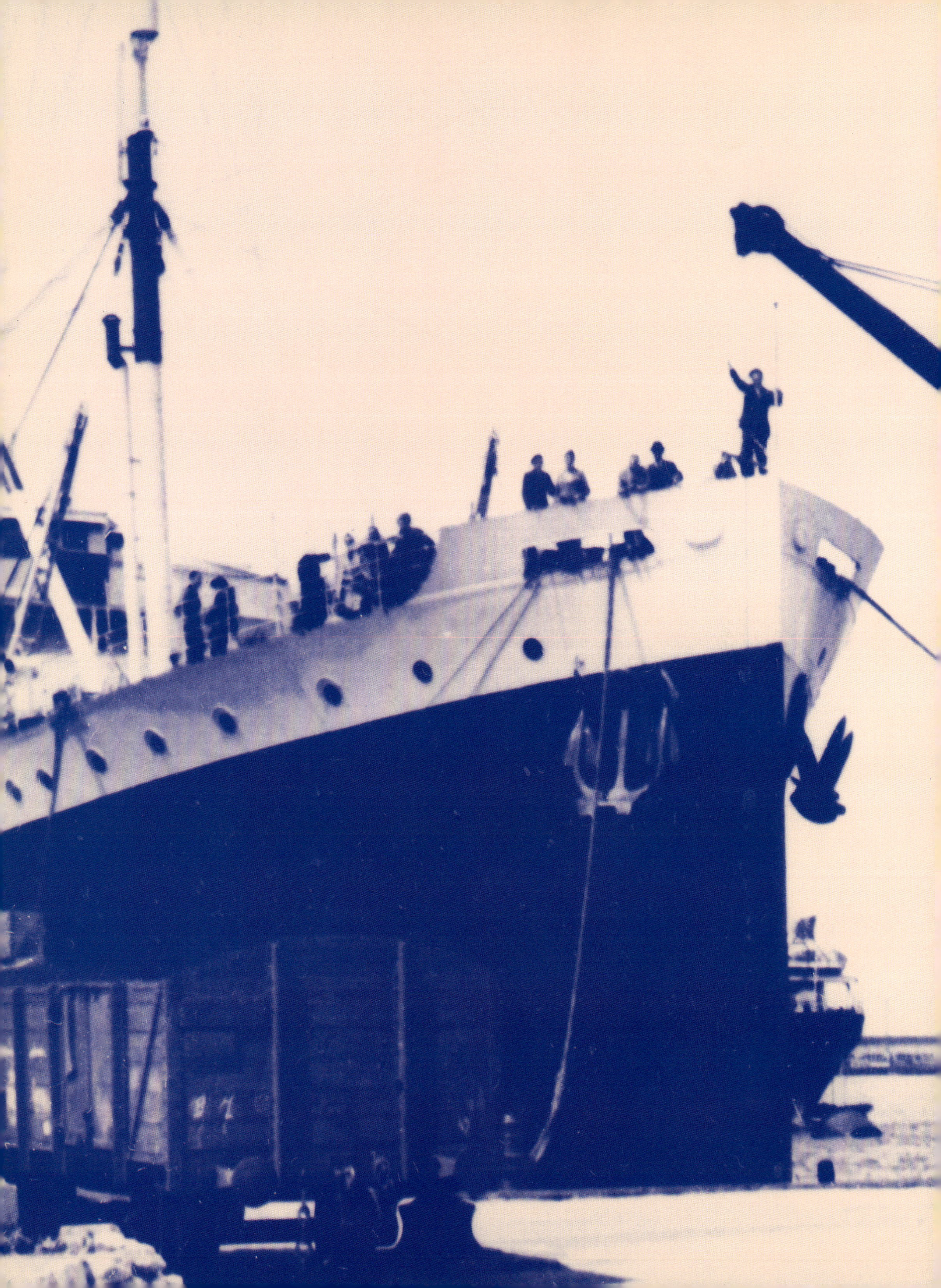

Galerie d'Art du Conseil Général des Bouches-du-Rhône / Aix-en-Provence

12 JANVIER – 11 AVRIL 1999

"SUR LES QUAIS"

Varian Fry

Marseille 1940-1941

et les candidats à l'exil

Arp, Bellmer, Brauner, Breton, Bryen, Chagall, Delanglade, Dominguez, Duchamp, Ernst, Frances, Gomès, Hérold, Lam, Lamba, Lipchitz, Magnelli, Masson, Matta, Springer, Wols

ACTES SUD

Varian Fry. Portrait par Ylla. Archives Varian Fry.

La Galerie du Conseil Général des Bouches-du-Rhône, dans la ville de Cézanne, se doit d'être un lieu d'exposition de grande notoriété pour assurer la défense et la diffusion de l'art du XXe siècle. Elle se doit aussi, dans sa programmation, de faire parfois référence à la mémoire, à la mémoire collective.

Il est bon, en certaines occasions, de rappeler que la création, quelle qu'elle soit, artistique, littéraire, scientifique, n'est pas toujours libre de s'exprimer. L'histoire nous a enseigné qu'en bien des périodes, lorsque la liberté était en péril, les artistes en subissaient les premiers dangers.

Lorsque les bruits de bottes ébranlèrent l'Europe, il y a soixante ans, Marseille, pour beaucoup d'hommes et de femmes de toutes nationalités, et parmi eux de nombreux intellectuels, devint le refuge provisoire qui permettait d'espérer échapper à la barbarie. Ils affluèrent, ainsi, sous la menace, souvent démunis et désorganisés.

Mandaté par le Rescue Committee, un jeune citoyen américain, Varian Fry, mit en place une extraordinaire organisation qui permit à deux mille personnes de pouvoir quitter le sol français. Homme de l'ombre, modeste et discret, très tôt tombé dans l'oubli, prématurément disparu, le souvenir de Varian Fry que nous nous honorons de faire revivre durant plusieurs mois par un ensemble de manifestations, doit nous inciter à la vigilance. Car, s'il est vrai que l'histoire ne se répète pas, chacun sait qu'il lui arrive de bégayer. Des nostalgiques d'un certain ordre ont une idée de la liberté bien éloignée de celle qu'Eluard chantait.

Et c'est en cela que l'action de Varian Fry est exemplaire et que nous devons, tout en la célébrant, nous employer à la faire connaître et reconnaître.

JEAN-NOËL GUÉRINI
Président du Conseil Général
Sénateur des Bouches-du-Rhône

Nice, octobre 1964.

Un homme seul était assis à la table voisine, dans ce bar du centre où nous nous trouvions, et je ne me souviens plus pourquoi, à un moment, il s'intégra à la conversation, puis rapprocha son verre des nôtres.
C'était un américain, en vacances semblait-il, qui parlait un excellent français ; le but de son voyage était de revoir des amis, d'anciens amis dans la région, et pour le moment il logeait dans un petit hôtel, dans une rue derrière le Negresco.
Très vite une cordialité naquit, et je lui proposai de venir s'installer dans mon atelier que j'occupais seulement dans la journée. Il quitta donc sa chambre le lendemain.
Ainsi son séjour niçois se passa au 6 avenue Notre-Dame.
Pendant une dizaine de jours, Varian mena là une vie très régulière, partant le matin, rentrant le soir. Quand nous nous croisions, avant son départ ou à son retour, il me racontait ses journées : sa mémorable entrevue avec Chagall, son déjeuner dans le Var avec Ernst, ses retrouvailles en Italie voisine avec Lipchitz… Il me proposa un jour de l'accompagner chez Picasso, et je regrette encore de ne pas l'avoir fait !
Mon téléphone servit à prendre tous ses rendez-vous et, chaque jour, à côté du vieil appareil en bakélite noire, je trouvais un petit tas de monnaie correspondant aux communications qu'il avait passées.
Ce détail peut faire sourire, mais il est significatif de l'homme. C'était cela, Varian Fry ! Je me souviens de sa discrétion, de la réserve avec laquelle il parlait de ses visites aux artistes.
A chaque retour à Nice, il revenait avec un ou plusieurs cadeaux, mais on sait que cette moisson n'était pas faite à son profit. Pour lui, il acheta de la jeune peinture…
Varian repartit pour New York et nous avons échangé plusieurs lettres, puis un jour, en 1967, un courrier d'Annette Fry m'annonça la mort de son mari.
Le temps a passé et, il y a dix ans, en visitant la fantastique exposition

```
           FRIENDS OF
       VARIAN FRY (1907-1967)
          ARE INVITED TO A
         MEMORIAL MEETING
               AT THE
    COMMUNITY CHURCH OF NEW YORK
     40 EAST 35th ST., NEW YORK, N.Y.
     5 P.M., WEDNESDAY, NOVEMBER 8, 1967

  R.S.V.P.
  PLaza 9-3100
  Ext. 32
```

"La Planète affolée" que Germain Viatte et Nicolas Cendo avaient organisée à Marseille, j'ai découvert cet homme, pris conscience de l'action qu'il mena durant un peu plus d'un an, du courage désintéressé qui fut le sien. Depuis j'ai cherché à mieux le comprendre et à connaître son extraordinaire engagement, en déplorant aussi l'oubli dans lequel il fut tenu.

Mais voilà que depuis peu on s'agite autour de la mémoire de Varian Fry, les associations juives l'honorent ; des musées américains organisent des expositions et saluent son épopée, reconstituant pour cela Marseille et son organisation, Berlin donne son nom à une rue dans le quartier de "Potsdamer Platz"…

Honorons-le à notre tour, à notre manière, par cette manifestation qui rassemble des œuvres des artistes qui, souhaitant quitter un pays désormais hostile, le contactèrent et s'inscrivirent sur les listes du Centre américain de secours.

Ils étaient pour la plupart marseillais de circonstance, d'autres s'étaient réfugiés dans le Luberon, dans la région grassoise ou ailleurs, dans cette zone dite libre, et tous portaient en eux l'angoisse de l'époque.

Certains, qui obtinrent un visa et l'affidavit indispensable, purent partir.

D'autres moins heureux restèrent à quai.

Cette exposition n'est bien sûr pas exhaustive, la représentation des artistes est inégale, des musées, des galeries, des collectionneurs faisant preuve de beaucoup de générosité, et certains d'une reconnaissance complice pour pallier les oublis de l'histoire, d'autres institutions plus frileuses se retranchent derrière des problèmes de calendrier.

Quoi qu'il en soit, par les traces de ces œuvres sur nos cimaises, la mémoire de Fry est présente et c'est bien cela l'essentiel.

Merci Varian !

MICHEL BÉPOIX

MARTINE SORIA
Un "trouble-maker" sur le Vieux Port

1907, 1940-1941, 1967 : trois dates qui, bien succinctement, résument une vie.

Celle de Varian Mackey Fry.

1907, sa naissance, le 15 octobre, à New York.

1940-1941 – 14 août 1940-6 septembre 1941 –, son séjour à Marseille qui s'acheva par une expulsion, comme étranger indésirable, avec reconduction à la frontière franco-espagnole.

1967, sa disparition brutale, le 13 septembre, dans sa maison de Center Road à Easton, dans le Connecticut.

En 1940, aux Etats-Unis, on suit bien évidemment les événements d'Europe ; les milieux intellectuels ont connaissance d'une situation qui, chaque jour, s'aggrave et nombreux s'en inquiètent. Ils savent que la montée du fascisme en Italie, la progression du nazisme en Allemagne, les conséquences de la guerre d'Espagne ont provoqué en France une arrivée massive de réfugiés et parmi eux des artistes, des littéraires, des savants. Pour la plupart ce sont des juifs, des communistes, des opposants aux régimes. Il y a aussi ceux qui avaient choisi de vivre en France et, en 1939, beaucoup d'entre eux furent internés dans des camps de détention ou de transit, simplement parce qu'ils étaient étrangers ou considérés comme apatrides. Le camp des Milles, près d'Aix-en-Provence, fut l'un des tristes exemples de la politique menée par le pouvoir en place à cette époque, tout comme ceux de Gurs, de Saint-Cyprien, du Vernet, de Rieucros ou d'Argelès…

Jour après jour, la zone libre, la bordure méditerranéenne devinrent des lieux de refuge pour beaucoup de ceux qui, craignant pour leur sécurité, envisageaient de gagner les Etats-Unis ou d'autres terres plus sereines.

"Point d'illusion. En 40, un monde s'effondre. Une certaine Europe de la culture s'offre un dernier spectacle dans la seule ville encore libre du continent – celle de Vienne, de Berlin, de Paris. Le dernier acte", écrira cinquante ans plus tard Jean Duvignaud, en préface aux *Chroniques des cahiers du Sud* d'Alain Paire.

C'est dans ce contexte que Varian Fry débarqua à Marseille mandaté par l'Emergency Rescue Committee (qui deviendra l'International Rescue Committee après le retour de Varian Fry).

Il arriva gare Saint-Charles le matin du 14 août, venant de Narbonne, fatigué d'un voyage debout dans un train vraisemblablement bondé, avec en poche une liste de deux cents noms, trois mille dollars et deux lettres de recommandation, d'Eleanor Roosevelt (qui soutint au départ la mission mais pas par la suite) et du sous-secrétaire d'Etat Summer Welles.

Avant son départ pour l'Europe, Fry avait reçu un courrier émanant de Washington, du Foreign Policy Association :

July 27, 1940

Mr Varian Fry
Foreign Policy Association Incorporated
8, West 40th Street, New York.

To whom it may concern :

This is to certify that Mr Varian Mackey Fry is a member of the Foreign Policy Association. Mr Fry has been granted a leave of absence to proceed immediately to Western Europe, where he is to make an independent investigation of the situation, with special reference to refuges and relief needs. He is not representing this Association in any way. In the circumstances, I trust that you will extend him every facility to inform himself of the situation which it is possible for you to extend within the limitations of wartime restrictions.

Franck Ross McCoy
President

Varian Fry, en 1940, est un homme jeune, il a trente-deux ans. C'est un intellectuel new-yorkais qui travaille dans l'édition, mais il a déjà à son arrivée en France une certaine connaissance de la situation européenne et de ce qui se passe outre-Rhin ; les photographies rapportées d'un séjour en Allemagne, cinq ans auparavant, témoignent du climat qu'il avait constaté, de l'atmosphère nauséabonde qui déjà y régnait.

*L'Allemagne nazie en 1935.
Photo Varian Fry.*

L'ascension des nazis avait profondément bouleversé les milieux intellectuels et artistiques. Du fait de la loi sur la réforme de la fonction publique du 7 avril 1933 qui permettait de licencier des fonctionnaires non aryens, beaucoup d'universitaires, d'artistes, de critiques, de conservateurs de musée, d'historiens et autres directeurs de théâtre ou acteurs avaient perdu leur emploi.

Les persécutions sociales et politiques dirigées contre ceux dont les opinions – philosophiques et politiques – sont opposées aux vues du parti national-socialiste, l'assaut systématique d'Hitler contre les communautés intellectuelles, contre les anciens du Bauhaus, contre les surréalistes, sont autant d'atteintes à toute forme de liberté.

Varian Fry avait pris conscience de tout cela, de ce climat de haine, et savait que pour beaucoup l'émigration restait le seul choix possible.

Certains déjà à cette époque n'hésitèrent pas à quitter l'Europe et choisirent la Palestine, la Chine, l'Amérique du Sud ou le Canada, d'autres optèrent pour Paris ou l'Angleterre ; Raoul Hausmann, par exemple, était parti pour Ibiza...

A Marseille, en 1940, il loge à l'hôtel Splendide, boulevard d'Athènes, en bas des escaliers de la gare, et cette chambre devenue bureau s'avérant rapidement exiguë, le Centre se transportera, la même année, début septembre, rue Grignan au numéro 60.

En 1941, le Centre américain de secours s'installe 18 boulevard Garibaldi. Un comité de patronage brillant et très éclectique formé de notables de la bourgeoisie marseillaise, d'artistes, d'hommes de lettres, d'acteurs, de philosophes orne le papier à lettres.

Lettre du CAS à Jacques Hérold en 1941. Collection particulière.

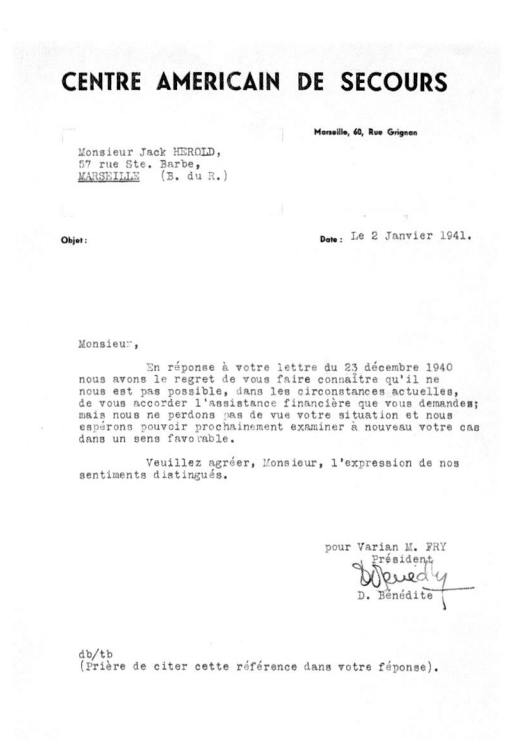

Mais en réalité l'équipe Fry à Marseille, sur le terrain, est tout autre, composée selon les différentes époques d'une dizaine à une vingtaine de personnes parmi lesquelles le rôle de Daniel Bénédite (1912-1990) sera essentiel. Pendant près d'un an il partagera la vie tumultueuse et dangereuse de Fry et continuera son travail après son départ. On sait entre autres choses qu'il visita de nombreux camps : Rieucros, Langlade, Nîmes, Les Milles, Saint-Sulpice, La Pointe, Septfonds, Gurs, Le Vernet, Argelès, Rivesaltes, Saint-Cyprien, Barcarès pour faire des rapports.

Il y avait aussi :

– Albert Hirschman, qu'à cause de sa permanente bonne humeur Fry avait surnommé "Beamish" (Monsieur Rayonnant). C'est un homme remarquable et très sympathique, plein d'anecdotes et de souvenirs que j'ai eu la chance de rencontrer il y a un an lors de l'inauguration de l'exposition "The story of Varian Fry and the Emergency Rescue Committee" au Jewish Museum de New York.

– Bil Spira qui faisait pour le CAS les papiers nécessaires aux visas qui permettraient d'atteindre New York via Barcelone, Madrid, ou Lisbonne.

– Franz Von Hildebrand.

– Paul Schmierer était l'homme de contact avec les compagnies maritimes.

– Marcel Verzeano ("Maurice"), qui s'occupait précisément des filières, fut recruté en décembre 1940 par Fry comme secrétaire polyglotte du fait de sa connaissance des langues balkaniques.

– Jean Gemähling avait la responsabilité des relations extérieures.

– Miriam Davenport.

– Mary Jayne Gold, décédée à Gassin, en octobre 1997, un film lui sera consacré, produit par Pierre Sauvage (fils de Léo Sauvage, journaliste qui, réfugié à Marseille, animait la troupe théâtrale Les Compagnons de la Basoche), et bien d'autres hommes et femmes de bonne volonté.

A l'arrivée de Fry dans la ville phocéenne, les membres de ce groupe avaient considéré avec un certain scepticisme cet homme venu d'ailleurs, plein de bonne volonté, qu'ils soupçonnèrent de ne pas être conscient de la situation confuse qui régnait alors, des difficultés à venir.

Mais très vite Fry s'imposa et "se lança dans la bagarre avec ardeur, courage et persévérance. Au milieu d'un océan de lâchetés, de compromissions, d'abandons, il agit en homme lucide et énergique, s'appuyant tantôt sur ses qualités de cœur, tantôt sur son sens de l'humour. Et il accomplit des merveilles !" écrira plus tard Bénédite. Il avait pour mission de permettre le départ pour les USA de deux cents personnes qui figuraient sur diverses listes. Celle rédigée par Alfred H. Barr fils, directeur du Museum of Modern Art, comportait notamment Picasso, Chagall, Ernst, Arp…

Henri Matisse dans son atelier niçois en 1940. Photo Varian Fry.

Avec le recul, on s'aperçoit combien il y avait d'ambiguïté dans sa mission ; on accepte le principe de cette action humanitaire et le fait qu'il parte en Europe, mais cela n'est pas une raison pour le "couvrir". Un peu comme quelqu'un qui sauterait d'un avion sans parachute de secours !

Et puis, autre point de discorde sous-jacent, cette question qui le hante très vite : triage moral ou sauvetage culturel ?

"On lui avait demandé de se porter au secours de quelques personnalités éminentes et il semble que les limites de son mandat l'aient profondément troublé", pense Elisabeth Kessin Berman qui se réfère au livre écrit par Fry à son retour *Surrender on Demand* (publié fin décembre 1945) :
"Mes listes de réfugiés étaient de toute évidence arbitraires. Elles avaient été dressées rapidement et de mémoire par des personnes qui vivaient à plusieurs milliers de kilomètres

Lettre de Varian Fry à Chagall.

Jacqueline Lamba dans le jardin enneigé de la villa Air-Bel, hiver 1940-1941. Photo André Gomès.

de là et n'avaient qu'une idée très vague de ce qui se passait réellement en France. Certains noms n'auraient même pas dû y figurer."

Dès le début de son séjour marseillais, il écrit à ces artistes, mais aussi à Wassily Kandinsky, à Jacques Lipchitz, à Henri Matisse qu'il ira voir à plusieurs reprises à Nice. Il ira aussi à Manosque voir Jean Giono, à Gordes voir Chagall.

Les commanditaires américains du Comité le presseront de télégrammes pour qu'il persuade certains noms importants de quitter la France, de "mettre la pression" pour les décider. Néanmoins certains refusent l'idée de départ. "Matisse ne voyait pas pourquoi il devait partir. Nous avons fait notre possible pour le persuader de partir, faisant valoir que, même s'il ne courait aucun danger personnel, malgré son statut de doyen d'un art «dégénéré» que les nazis méprisaient profondément, il risquait néanmoins de mourir de faim avant la fin de la guerre", écrira Fry dans ses Mémoires.

Picasso, également, reste sourd aux propositions, tout autant que Kandinsky, Pablo Casals, André Gide, André Malraux qui furent eux aussi sollicités.

A Marseille, Fry prit sur lui d'allonger les listes et de ne plus limiter son intervention qu'aux personnes choisies uniquement par leur notoriété, leur rayonnement culturel ou politique. En un peu plus d'un an il parviendra – avec son équipe – à faire émigrer environ deux mille réfugiés. Même lorsqu'il sut que son expulsion était imminente, il redoubla d'efforts pour continuer à aider ou à sauver mais, comme il le consigna dans son livre : "L'une de nos principales difficultés tenait au fait que nous n'avions aucun moyen de savoir qui était réellement en danger."

En dernier lieu, la villa Air-Bel dans le quartier de la Pomme, accueillit Varian et son équipe mais aussi un lot important des surréalistes candidats à l'exil. Autour de Breton et de son épouse Jacqueline Lamba, Lam, Brauner, Hérold, Péret, Dominguez, Masson y firent des dessins collectifs, des "cadavres exquis". Le jeu de Marseille (édité en 1983 par André Dimanche) naîtra aussi à Air-Bel.

Là, les visites étaient nombreuses et André Gomès, le mari d'Henriette, au travers de son appareil photographique, fut l'historien de service. De la vente (fictive) aux enchères orchestrée par Sylvain Itkine au départ de Duchamp pour Casablanca, c'est comme une bande dessinée que suggère son reportage.

Les images nombreuses conservées de cette colonie d'art rapportent des moments insolites de cette vie en collectivité : la corvée de bois pour chauffer la grande maison car l'hiver 40 fut glacial et la neige avait fait son apparition ; Jacqueline Lamba, superbe jeune femme blonde, accrochée à la balançoire du jardin, fait le "cochon pendu" et le paysage qui sert de décor est blanc. Sur d'autres photographies, les caprices de la météorologie provoquent bien des jeux.

Autre cliché surprenant – en été vraisemblablement –, Varian Fry d'ordinaire un peu guindé et strict dans sa tenue vestimentaire patauge dans le petit bassin de la propriété, jambes du pantalon et manches de chemise retroussées (néanmoins le nœud papillon est à sa place !), à la recherche d'on ne sait quoi. Peut-être de ces grenouilles qui distrayaient tant les surréalistes. Autour du petit plan d'eau Victor Serge et les autres hôtes du lieu discutent… Bien d'autres photographies les montrent rassemblés autour de la table dressée en plein air. Avec l'innocence de ses cinq ans, Aube, la fille d'André et de Jacqueline, s'amuse autour des invités de passage.

Sorte de phalanstère artistique le "Château" (aujourd'hui disparu et remplacé par des HLM) fut aussi un lieu fort de l'art contemporain, les œuvres qui y naquirent reflètent les angoisses du moment. Les jeux et les ris dont témoignent les clichés de Gomès ne sont qu'illusions et le drame sous-jacent habite les partenaires de cet opéra bouffe. "Durant l'hiver de 1940 à Marseille Victor Serge et moi sommes les hôtes du Centre américain de secours aux intellectuels, avec les dirigeants duquel nous résidons dans une spacieuse villa de la périphérie Air-Bel. Nombreux, les surréalistes s'y retrouvent chaque jour et nous trompons du mieux que nous pouvons les angoisses de l'heure. Il vient là Bellmer, Brauner, Char, Dominguez, Ernst, Hérold,

Varian Fry à la villa Air-Bel.
Photo André Gomès.

Dessin publicitaire de Jean Effel pour le "Croquefruit". Archives départementales des Bouches-du-Rhône

Jacques Hérold au "Croquefruit". Collection particulière.

Itkine, Lam, Masson, Péret, si bien qu'entre nous une certaine activité de jeu reprend par moments le dessus…

C'est de cette époque que date, en particulier, l'élaboration à plusieurs d'un jeu de cartes dessiné d'après les symboles nouveaux correspondant à l'amour, au rêve, à la révolution, à la connaissance, et dont je ne parle que parce qu'il a de l'intérêt de montrer ce par rapport à quoi, d'un commun accord, nous nous situons à ce moment", écrira par la suite André Breton.

Dans *Marseille-New York* (éd. André Dimanche), Bernard Noël se fait l'échotier d'Air-Bel, mais aussi d'un autre "Château", celui de la comtesse Pastré, à Montredon, à la Pointe Rouge, qui accueillit et hébergea des noms prestigieux ; de la coopérative ouvrière des "Croquefruits", entreprise exemplaire s'il en est, située près de la porte d'Aix. ("Le but des fondateurs, tous d'extrême gauche, était de fournir des ressources à des militants, des artistes, des exilés, des juifs privés de travail par les décrets racistes de Vichy. Les «croquefruits» étaient des bouchées de pâte de datte enrobées d'amandes pilées.")

Jean Effel d'un trait plein d'humour mettait en scène Eve qui recevait une friandise, la légende affirmait : "Croquefruit", le fruit qui n'est pas défendu.

Fry sera finalement expulsé, reconduit à la frontière espagnole de Cerbère après quelques journées d'attente à Perpignan, escorté par son équipe. (Il resta plusieurs jours à Perpignan à attendre un nouveau visa – le sien étant alors périmé – du consulat de Marseille qui fit preuve de diligence, ce qui prouve à quel point les autorités américaines souhaitaient son départ.) Il y a une photographie – faite par lui – qui est assez révélatrice de l'amitié qui liait ces hommes et ces femmes ; de son wagon qui s'ébranle pour l'Espagne il fixe sur la pellicule les neuf amis qu'il quitte, restés sur le quai. Nous sommes là, en septembre 1941.

A son retour à New York, bien qu'ayant porté secours à dix fois plus de personnes que prévu, il est persuadé que sa mission est loin d'être accomplie. Il écrit alors de nombreux articles fustigeant la politique américaine en matière d'immigration, préconisant une plus grande attention sur le sort des réfugiés ordinaires et dénonçant l'immigration sélective et restrictive. "The massacre of the Jews" fut publié en décembre 1942 dans le *New Republic* de New York.

Lui dont la mission fut de sauver des personnes importantes de la culture européenne avait aussi pour objectif de venir en aide à cette foule de réfugiés inconnus souvent anonymes. Saluant son courage, Elisabeth Kessin Berman disait de lui qu'il avait trouvé le moyen de concilier ses propres desseins et ceux du comité.

A New York, Fry se bute à une opinion publique fermée et frileuse, qui ne réagit pas comme il espérait.

Ses Mémoires paraîtront en 1945. En 1948 son épouse Eileen décède. En 1950 Varian se remariera avec Annette dont il aura trois enfants.

Par rapport à ce que fut cette aventure marseillaise, faite de risques et de dangereuses épreuves, sa vie américaine semble morne et banale. Victime de son succès, il est littéralement lâché par les pouvoirs en place. "Ses actions allaient à l'encontre de la politique américaine de l'époque, il agissait en franc-tireur et les fonctionnaires ne virent en lui qu'un *trouble-maker*", pense Pierre Sauvage, dont on attend prochainement le documentaire qu'il réalise sur Fry et le Centre américain de secours.

Daniel Bénédite constata "qu'il avait vécu à un trop haut niveau pour pouvoir, après cette expérience exaltante, maintenir la tension", ajoutant : "Je dois sincèrement reconnaître que, lors de nos dernières rencontres, il me semblait parfois un peu comme un poisson hors de l'eau"…

En 1964, Varian Fry revient en Europe. Sur la côte d'Azur, il revit avec des fortunes diverses les artistes qui, de retour des USA, y vivaient. Il avait l'intention de collecter des œuvres auprès des artistes pour réunir des fonds pour l'International Rescue Committee. Il verra Max Ernst dans le Var, Marc Chagall à Saint-Paul, Picasso à Cannes, Lipchitz en Italie parmi d'autres, mais aussi certains qui ne figuraient pas sur la liste de 1940 : Edouard Pignon, Joan Miró à Palma… Certains firent preuve de générosité, pas tous…

Il s'en plaignit un peu auprès de Michel Bépoix qui l'hébergeait et avec lequel il se lia d'amitié. (Il semble, qu'en plus, il fut à cette période victime d'un aigrefin…)

En 1965, il s'installe en partie à New York et lui en fait part dans une lettre du 11 septembre : "Ma femme et moi, nous sommes en train de nous installer dans notre immeuble à New York – une ville que je hais, d'ailleurs – mais j'ai gardé mon bureau ici à Ridgefield, que je peux gagner, en voiture, dans une heure vingt minutes, plus ou moins. C'est beaucoup de temps à foutre dans l'air, mais c'est mieux que de payer le loyer d'un bureau à New York – comme vous pouvez vous imaginer, ça coûte cher ! Et comment !

Dès que nous sommes bien installés, nous avons l'intention d'inviter Alfred Barr, du Musée d'Art Moderne, et Madame Barr, à un dîner «intime»"[…]

Mais peu après Varian et Annette divorceront.

Fin de vie banale pour celui qui fut le héros du Rescue Committee, que l'Etat d'Israël proclamera plus tard comme "Juste"…

A New York le 12 avril 1967, la France lui avait décerné bien tardivement la croix de chevalier de la Légion d'honneur. La cérémonie fut présidée par le conseiller culturel de l'époque, M. Edouard Morot Sir et le récipiendaire était ce jour-là entouré d'Annette et de ses enfants Sylvia, James et Thomas.

Varian, au dire des témoins fut ce jour-là intensément ému.

A sa mort, dans sa soixantième année, il enseignait le latin à la Joel Barlow High School de Redding dans le Connecticut.

Les journaux new-yorkais saluèrent sa disparition, rappelant son action salvatrice et, le 8 novembre 1967, un office religieux à la Community Church of New York lui rendait un dernier hommage.

Daniel Bénédite, très affecté par cette disparition, écrivit à ses fils pour dire son affection, mais aussi pour témoigner de la fierté qui était la sienne d'avoir été son adjoint dans une cause qu'il avait "en quelque sorte personnalisée" : "Un autre que lui aurait cédé aux premières pressions des autorités de son pays qui le considéraient comme un gêneur, aux premières persécutions de la police, aux premières menaces qui mettaient sa vie en danger – et même aux jalousies des associations «concurrentes» qui lui pardonnaient mal son efficacité.

Lui est resté jusqu'à l'extrême limite du possible, affirmant que tant qu'il resterait un seul cas à secourir sa mission ne serait pas terminée. Malgré le découragement qui nous guettait tous, malgré les perspectives pessimistes qui dominaient à l'époque, Varian n'a jamais capitulé, il est resté ferme, souriant, affectueux et compatissant."

Mais la meilleure épitaphe pour ce missionnaire de la paix est certainement à mettre au crédit de Victor Serge qui avait écrit : "Vous avez accompli tenacement un travail très dangereux auquel bien des hommes (dont je suis) doivent vraisemblablement la vie... Ce fut en vérité la toute première Résistance, bien avant que le mot n'ait apparu."

Photo de groupe à Air-Bel autour de Varian Fry (au centre avec des lunettes). Photo D.R.

Dessins collectifs et cadavres exquis

"Durant l'hiver de 1940 à Marseille Victor Serge et moi sommes les hôtes du Centre américain de secours aux intellectuels, avec les dirigeants duquel nous résidons dans une spacieuse villa de la périphérie Air-Bel. Nombreux, les surréalistes s'y retrouvent chaque jour et nous trompons du mieux que nous pouvons les angoisses de l'heure. Il vient là Bellmer, Char, Dominguez, Ernst, Hérold, Itkine, Lam, Masson, Péret, si bien qu'entre nous une certaine activité de jeu reprend par moments le dessus…

C'est de cette époque que date, en particulier, l'élaboration à plusieurs d'un jeu de cartes dessiné d'après les symboles nouveaux correspondant à l'amour, au rêve, à la révolution, à la connaissance, et dont je ne parle que parce qu'il a de l'intérêt de montrer ce par rapport à quoi, d'un commun accord, nous nous situons à ce moment."

André Breton

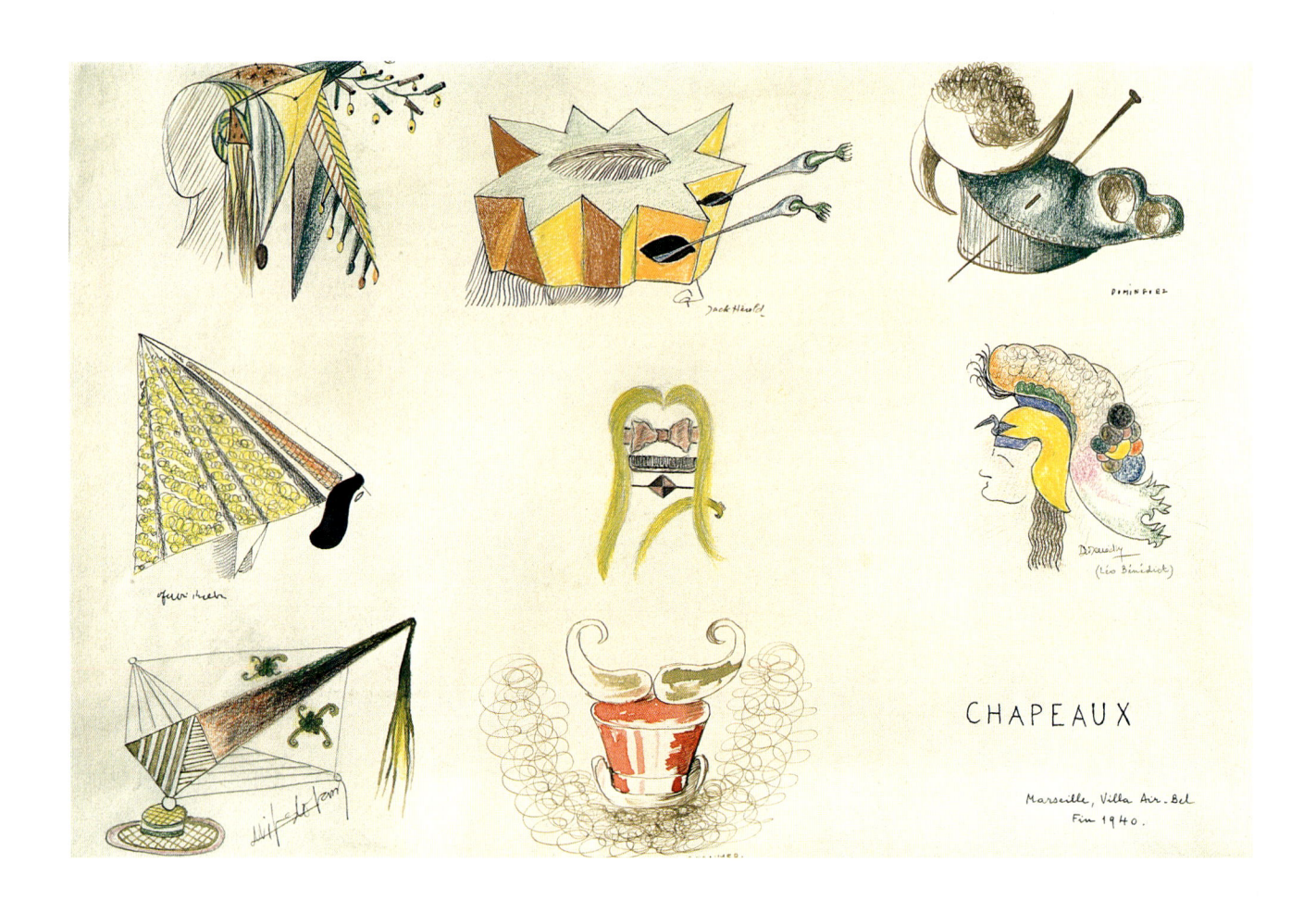

DESSIN COLLECTIF, 1940 *Encre et crayons de couleur, 31 x 48. Collection particulière.*

DESSIN COLLECTIF, 1940 *Encre et crayons de couleur, 23,5 x 30. Collection particulière.*

12 PROJETS POUR LE JEU DE MARSEILLE, 1940 *Encre et gouache, 23,5 x 13,5 chaque carte. Collection particulière.*

VILLA AIR-BEL
MARSEILLE
(Fin 1940)

Dessin collectif

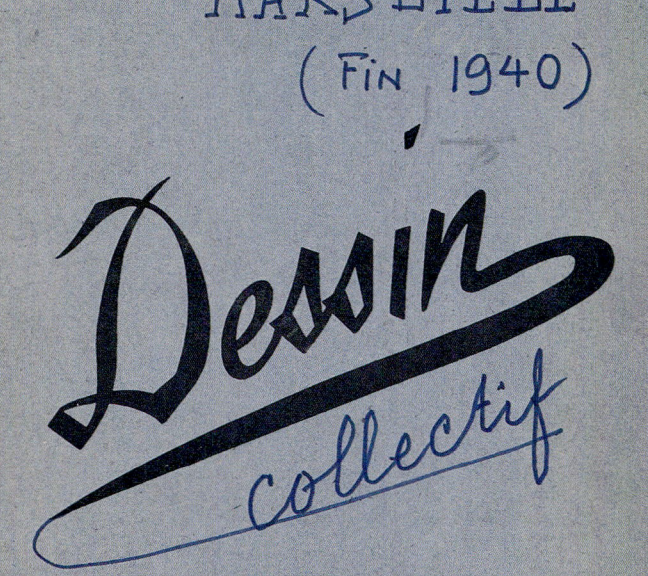

V. Brauner, A.B., O. Dominguez,
J. Hérold, W. Lam, J. Lamba, etc.

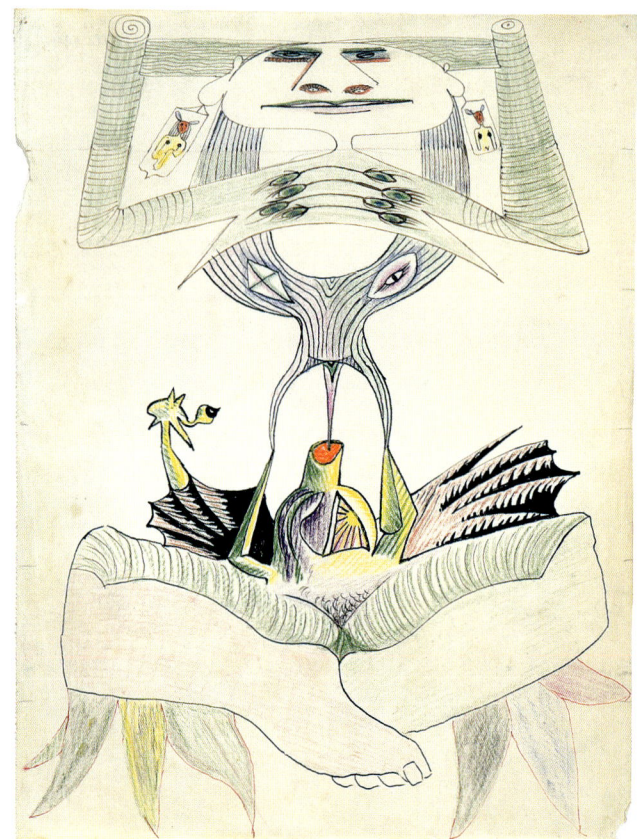

CADAVRES EXQUIS, 1940 *Encre et crayons de couleur, 30 x 23. Collection particulière.*

CADAVRES EXQUIS, 1940 *Encre et crayons de couleur, 30 x 23. Collection particulière.*

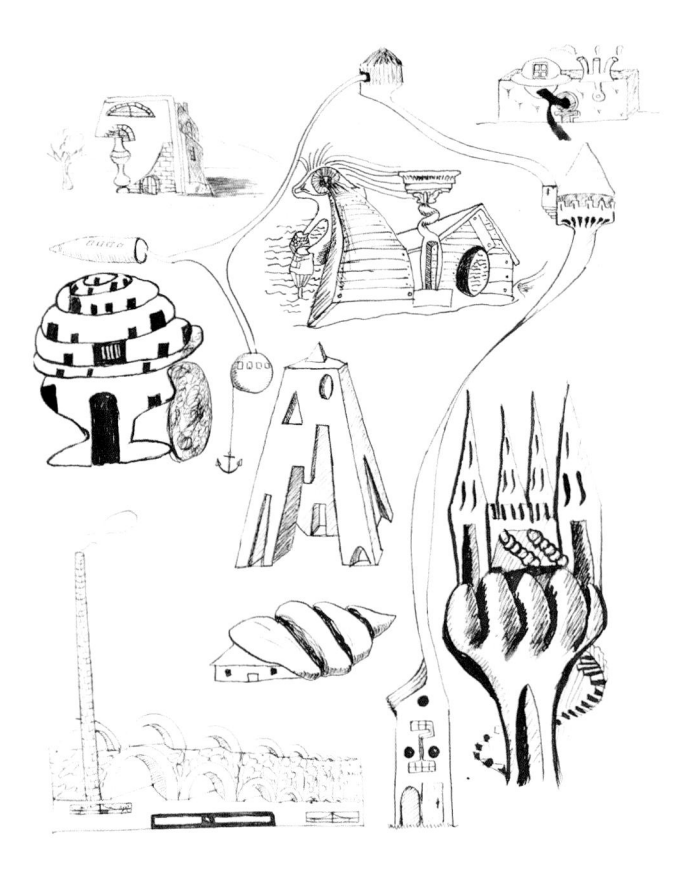

"architecture"

"Bouteilles"

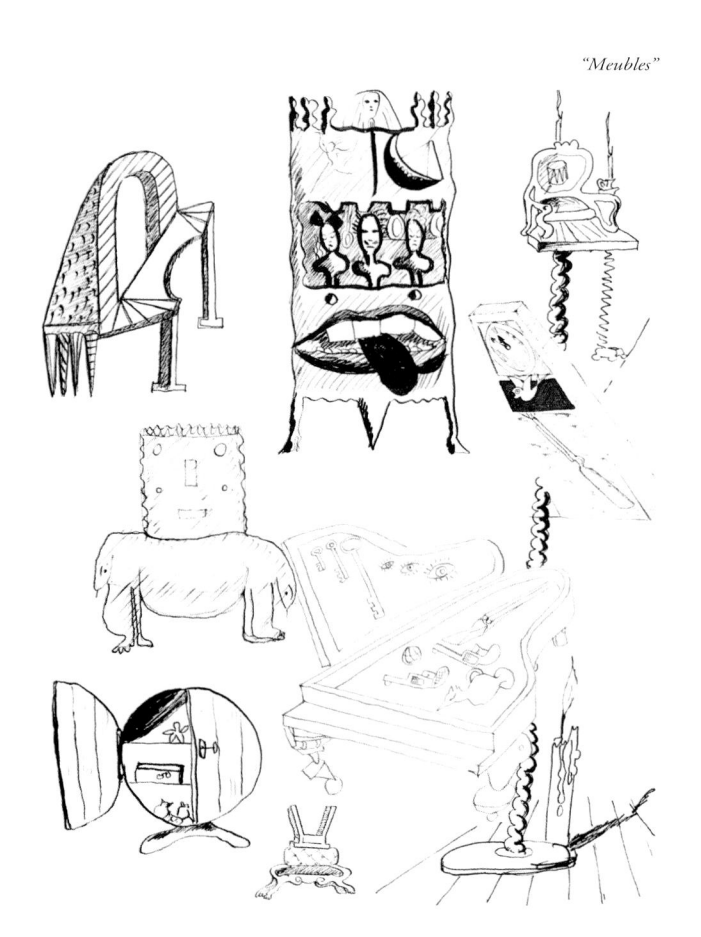

"Meubles"

DESSINS COLLECTIFS, 1940
*Encres noire et sépia, 30 x 23.
Collection particulière.*

"Coquillages"   *"Poissons"*

DESSINS COLLECTIFS, 1940
Encres noire et sépia, 30 x 23.
Collection particulière.

COLLAGES ET DESSINS, 1940 *Papiers découpés, encre et crayons de couleur, 30 x 23. Collection particulière.*

COLLAGES ET DESSINS, 1940 *Encre et crayons de couleur, 30 x 23. Collection particulière.*

DESSINS COLLECTIFS, 1940 *Encre, 23 x 30. Collection particulière*

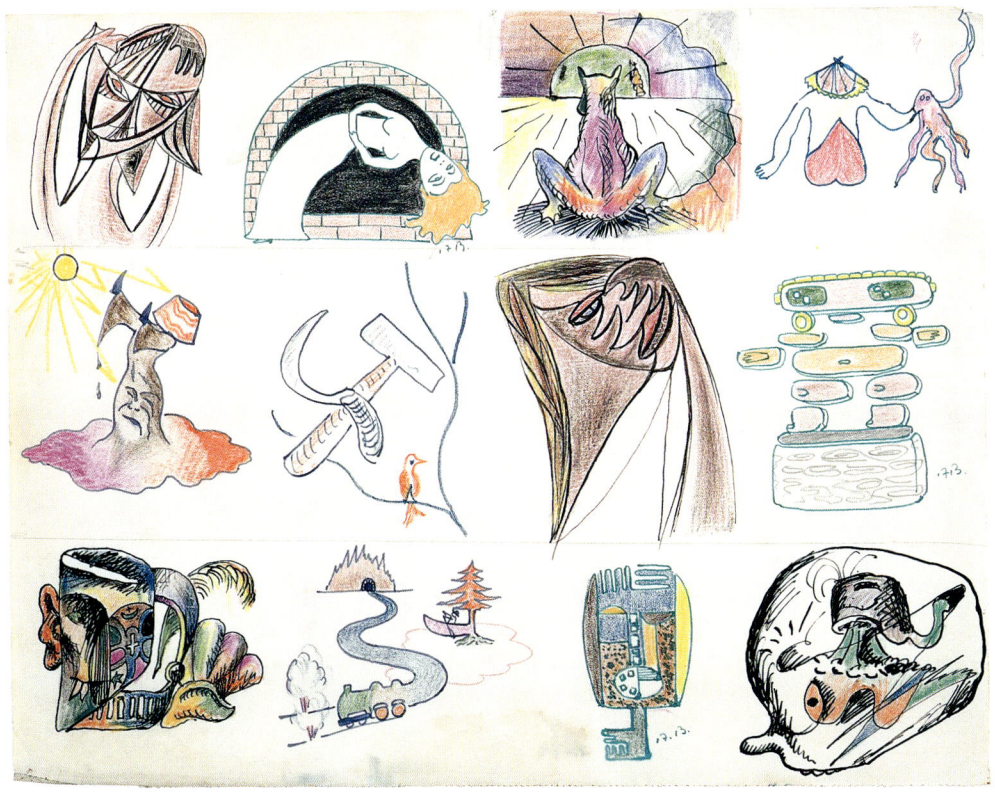

DESSIN COLLECTIF, 1940 *Encre, 23 x 30. Collection particulière*
DESSIN COLLECTIF, 1940 *Encre et crayons de couleur, 23 x 30. Collection particulière*

DESSINS COLLECTIFS, 1940 *Encre et crayons de couleur, 23 x 30. Collection particulière.*

"Fleurs"

DESSINS COLLECTIFS, 1940 *Encre et crayons de couleur, 23 x 30 et 30 x 23. Collection particulière.*

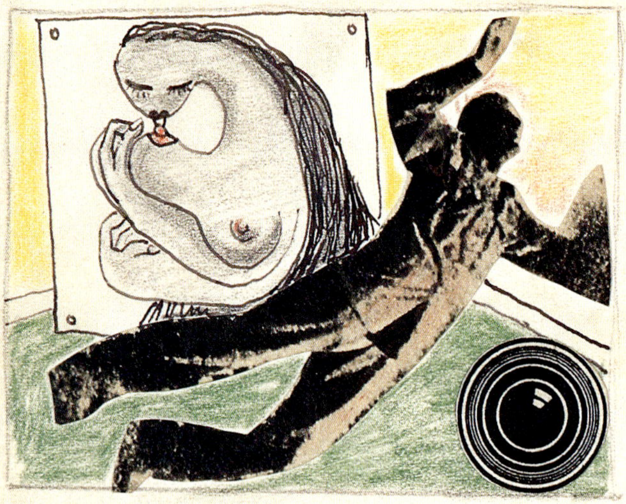

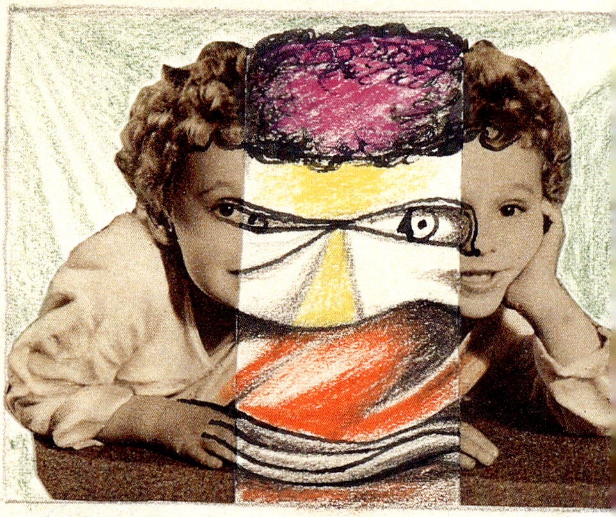

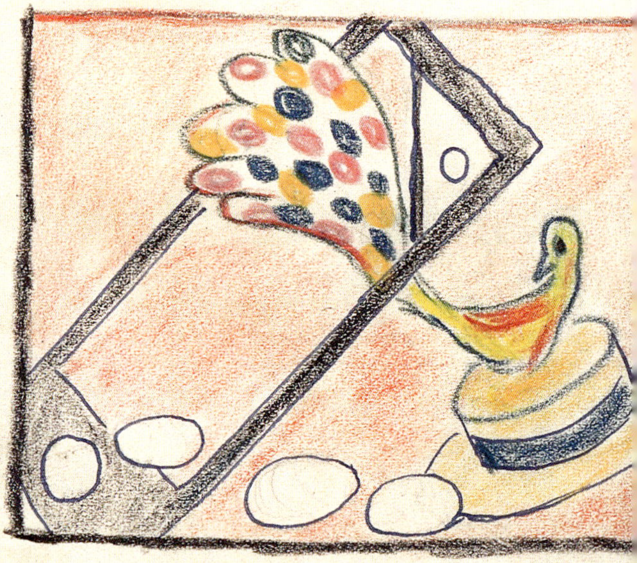

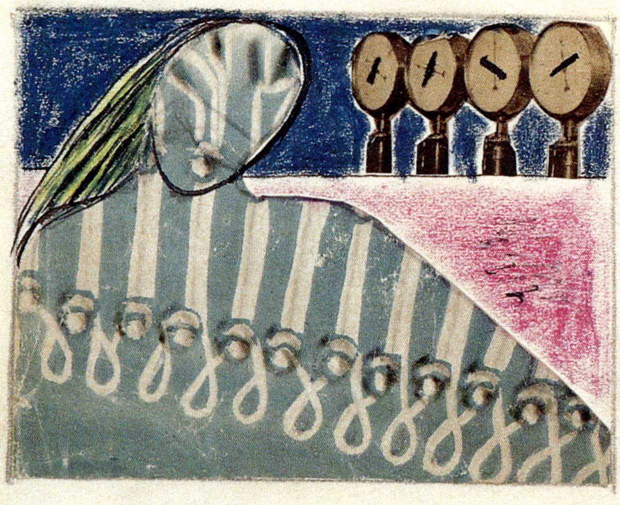

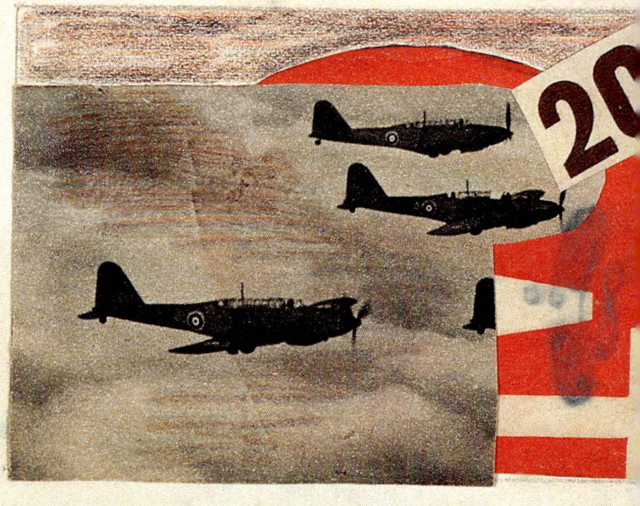
20

DESSINS ET COLLAGES, 1940
*Papiers découpés, encre et crayons de couleur, 23 x 30.
Collection particulière.*

"Le berger des Landes"

DESSIN COLLECTIF, 1940 *Encre et crayons de couleur, 23 x 30. Collection particulière.*

DESSIN COLLECTIF, 1940 *Encre et crayons de couleur, 23 x 30. Collection particulière.*

DESSIN COLLECTIF, 1940
*Encre et crayons de couleur, 30 x 23.
Collection particulière.*

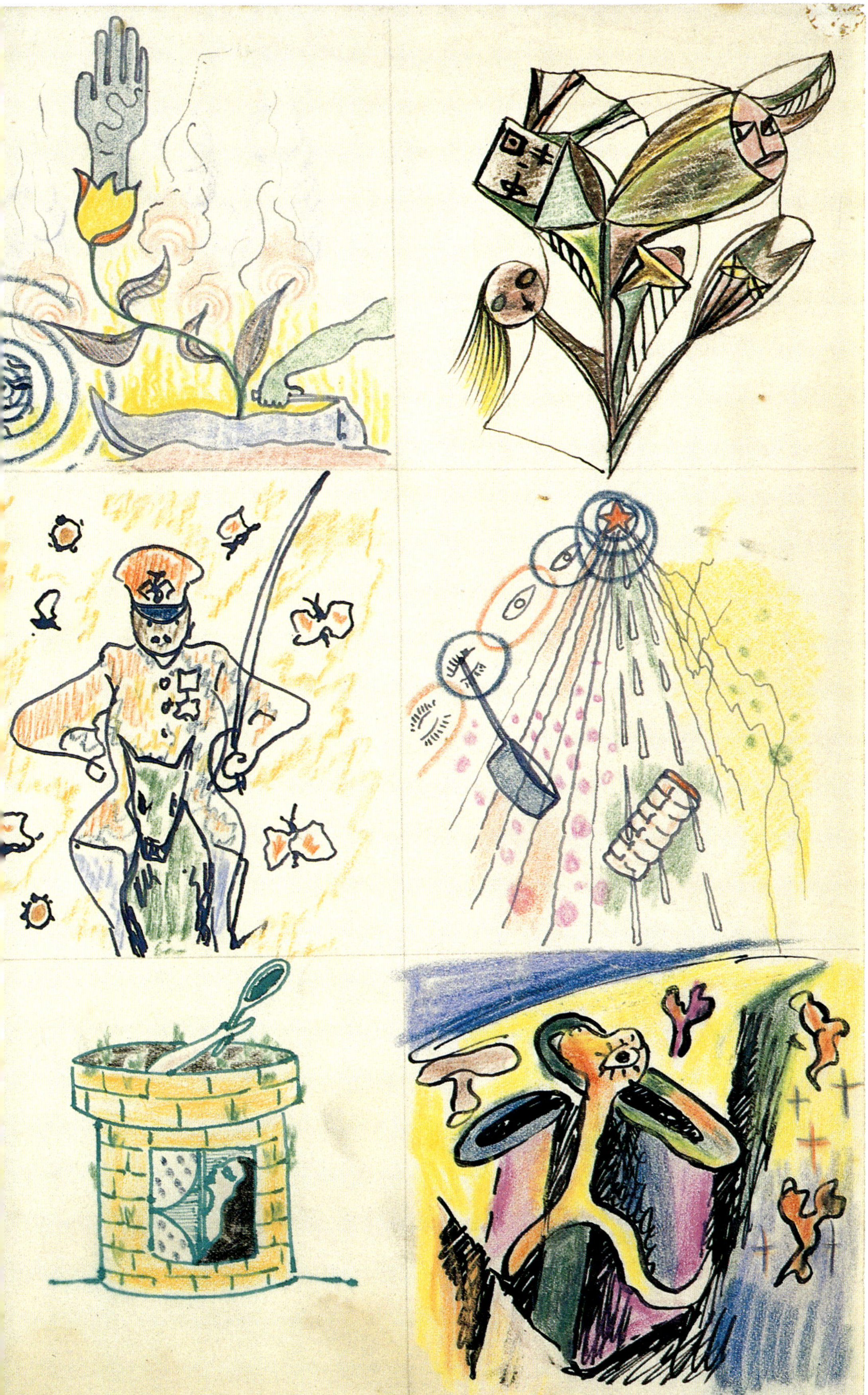

DESSINS COLLECTIFS, 1940 *Encre et crayon de couleur, 23 x 30. Collection particulière.*

"Têtes"

DESSINS COLLECTIFS, 1940 *Encre et crayons de couleur, 23 x 30. Collection particulière.*

FRANÇOIS BAZZOLI
Un parcours en temps de guerre

Un monde en expansion

Depuis une quinzaine d'années, les histoires de l'art consacrées aux grands mouvements du XXe siècle font état de l'importance prise par l'immigration massive d'artistes européens vers les Etats-Unis dans les années 1940-1944. Cette arrivée massive des artistes constitutifs des avant-gardes du début du siècle, que ce soit Fernand Léger, Piet Mondrian, Marcel Duchamp, mais aussi les surréalistes, écrivains et artistes confondus, devait redynamiser un art américain qui se cherchait encore. Bien sûr, l'électrochoc de l'Armory Show, en 1913, avait fait éclore une génération de créateurs (Joseph Stella, Stuart Davis, Georgia O'Keeffe), faisant pressentir les particularismes d'un art véritablement américain. Dans la période qui suit, l'audace des grands collectionneurs des Etats-Unis (on pense notamment à Katherine Dreier), l'action d'individualités comme Alfred Stieglitz ou la présence de Marcel Duchamp et l'influence qui s'ensuivit vont être déterminantes. Les artistes américains ne sont plus coupés de la radicalité plastique, et restent plus à la traîne de l'enseignement académique des Ecoles des beaux-arts de Londres ou de Paris. Mais le basculement semble se faire autour de 1942. En même temps qu'arrive à New York, avant d'essaimer dans tous les Etats-Unis, une horde d'artistes européens essentiellement surréalistes, se cristallise un groupe de jeunes artistes du cru autour de Jackson Pollock. Si l'on pense immédiatement à Willem de Kooning, il ne faudrait pas oublier Hans Hofmann, William Baziotes, Gerard Kamrowski, Clyfford Still, Franz Kline et bien d'autres.

L'expressionnisme abstrait va se caractériser par une forte présence du corps dans l'accomplissement du geste pictural, mais aussi par l'invention poussée de techniques nouvelles, concernant peinture ou dessin. Le *dripping* de Jackson Pollock, les *blind designs* de Willem de Kooning, les coulées de pigments de Morris Louis, les coulures de Hans Hofmann, l'utilisation de véritables cadavres exquis picturaux (on en connaît entre Pollock, Kamrowski et Baziotes) découlent à l'évidence des pratiques surréalistes. Max Ernst, Masson, Dominguez et les autres furent de grands inventeurs de techniques renouvelant l'approche des genres, introduisant une plus grande familiarité et une moindre rigidité : papiers frottés, dessins collectifs, peintures au sable, écriture et dessin automatiques, décalcomanies, collages. Sans aller jusqu'à affirmer que l'*action painting* n'aurait pu exister sans l'afflux des surréalistes à New York, les zones d'influences confirment ces recouvrements et ces interactions sans lesquels l'art ne peut se diffuser. Pollock dépasse le geste surréaliste pour fouiller les entrailles de l'Amérique, par ses formats, sa démesure, ses enchevêtrements. Mais il n'est pas chauvin de voir dans les pratiques d'André Masson le début d'un fil rouge permettant d'apercevoir une continuité.

Plus lisible encore est l'influence des attitudes et des *ready-mades* de Marcel Duchamp sur l'art américain, et ce jusqu'à nos jours. Si sa *Roue de bicyclette* (1913) et son urinoir baptisé *Fountain* (1917) avaient fait grand bruit en leur temps, c'est surtout après la Seconde Guerre mondiale que les concepts mis en place par Duchamp vont se développer jusqu'à envahir et remplacer le champ sculptural. Lorsque Duchamp quitte Marseille sur un bateau qui se rend à Casablanca, il emporte avec lui tous les éléments des exemplaires de sa *Boîte en valise*. Il a réussi à les passer clandestinement de Paris en zone libre en se faisant passer pour un représentant de commerce. Cette réduction de toute l'œuvre de Duchamp depuis 1910 à la taille d'une mallette est un des premiers travaux conceptuels où la reproduction (réduite) vaut l'œuvre. Combinée à l'influence des objets dont nous avons parlé plus haut, cette vision si particulière de l'art va s'acclimater en Amérique jusqu'à se confondre avec l'art américain de 1960 à 1990. Mais Duchamp lui-même ne s'était-il pas fait naturaliser américain en 1948 ?

Si l'on peut énumérer un certain nombre de conjonctures favorables à une telle influence, il ne faudrait pas oublier que c'est aussi au courage et à la générosité d'un homme seul que cette possibilité fut offerte. En facilitant, souvent au péril de sa liberté et de sa vie, le départ de beaucoup d'artistes importants de ce siècle hors de la souricière qu'était devenue la zone libre, Varian Fry va accélérer une prise de conscience artistique toujours détectable dans l'art américain.

Varian Fry à Marseille

Varian Fry arrive à Marseille le 14 août 1940 afin de représenter le Comité de secours d'urgence (Emergency Rescue Committee, qui sera francisé sous le sigle de CAS, Centre américain de secours). Parti de New York en juillet, il emporte avec lui un sac plein de listes de noms d'hommes et de femmes en danger de mort, ainsi que deux ou trois mille dollars qu'il porte à même le corps pour plus de sécurité. Sa mission est de permettre à de nombreux intellectuels, savants ou personnalités politiques antinazies en danger de passer aux Etats-Unis. Pétain a signé une convention d'armistice, le 22 juin 1940, qui stipule, à l'article 19 : "Le gouvernement français est tenu de livrer sur demande tous les ressortissants allemands désignés par le Reich et qui se trouvent en France, de même que dans les possessions françaises, les colonies, les territoires sous protectorat et sous mandat." Ce texte mettait en danger de mort de très nombreux réfugiés, certains depuis 1933, qui avaient fui les territoires allemands sous la pression hitlérienne. La France avait ainsi vu passer un très grand nombre de créateurs, de Kurt Weill à Fritz Lang ou Max Ophüls, tentant de renouer avec leurs créations ou en partance vers d'autres cieux. Sans compter les artistes d'origine allemande, comme Max Ernst ou Hans Bellmer, installés depuis fort longtemps sur notre territoire. La soudaineté de la capitulation des Français devant les Allemands surprit l'Amérique au-delà du dicible. La connaissance de l'existence du fameux article 19 acheva de persuader les mieux informés que la situation pouvait devenir grave pour les opposants et les intellectuels.

Fin juin, deux cents personnalités étaient réunies à New York pour entendre divers orateurs les alerter sur l'urgence de la situation européenne. La création d'un Emergency Rescue Committee fut immédiate et les premiers fonds collectés immédiatement. Mi-juillet, le Comité avait pignon sur rue et bénéficiait du patronage d'Eléanor Roosevelt qui se chargeait de soutirer de son président des Etats-Unis de mari les visas indispensables à la sauvegarde des candidats à l'exil. Avec l'aide de personnalités européennes établies aux Etats-Unis, dont Thomas Mann, il fut dressé une liste d'environ deux cents personnes à sauver prioritairement. Il fallait maintenant trouver un émissaire, à qui les risques encourus ne feraient pas peur. Varian Fry accepta cette mission, conscient du rôle dangereux mais positif qu'il devait jouer. Agé de trente-deux ans, défenseur convaincu des droits de l'homme, il avait fait des études littéraires à Harvard et détenait un diplôme de philologie classique, était membre du parti libéral et rédacteur du comité de rédaction de *The New Republic*.

Le 14 août, donc, Varian Fry arrive à Marseille et s'installe à l'hôtel Splendide. Celui-ci deviendra le premier siège du Comité d'aide aux réfugiés. Fry ne peut pas compter sur les services diplomatiques américains en poste à Marseille, hostiles à sa présence et à sa mission qui court-circuite leur travail. Bien qu'il ait envisagé divers subterfuges pour avertir ses clients potentiels de sa présence, Fry n'a pas besoin de courir la ville et l'arrière-pays. Sa présence, par la grâce et l'efficacité du bouche à oreille, est bientôt connue de tous. Et le comité, réduit pour l'instant au seul Varian Fry, est bientôt submergé de demandes. Il faut monter une équipe pour entendre les motivations de chacun, sérier les urgences, prendre des mesures immédiates d'aide, choisir les candidats les plus exposés, trouver des visas et des passeports. Dès l'automne, le Centre américain de secours s'installe dans un appartement de la rue Grignan.

C'est à ce moment-là que Daniel Bénédite et sa femme Théo (qui devint la secrétaire particulière de Varian Fry) arrivent au Centre américain de secours, avec Jean Gemähling. S'y trouvent déjà Otto-Albert Hirschman, homme de confiance de Fry, trois interviewers : Jacques Weisslitz, Maurice Verzeanu et Miriam Davenport (Jean Gemähling sera le quatrième), Heinz-Ernst Oppenheimer qui s'occupe des finances, Léa Fiszmann et Anna Gruss qui s'occupent du secrétariat et du classement, et Charlie Fawcett qui est le factotum du Centre. Mais cette équipe est vouée à transformation : "[…] La plupart des membres du premier staff étaient en instance de départ pour le Nouveau Monde et n'attendaient qu'une occasion propice. […] En fait, trois mois plus tard, seuls Anna Gruss, Maurice Verzeanu et Jacques Weisslitz travaillaient encore au Comité[1]".

Tous les après-midi, Varian Fry provoque une réunion de travail : "Chaque interviewer expose les «cas» qu'il a traités dans la matinée, propose une assistance financière *(allowance)*, une prêt remboursable aux USA *(loan)*, une démarche pour un visa *(visa application)*, une intervention auprès des pouvoirs publics, une planque *(hiding)* pour un client recherché par la police[2]."

1. Daniel Bénédite, *La Filière marseillaise : un chemin vers la liberté sous l'Occupation*, Clancier-Guénaud, Paris, 1984.
2. *Ibid.*

Daniel Bénédite était un jeune Alsacien (il avait choisi de porter le nom de sa mère) ayant milité à la SFIO, profitant de son emploi de rédacteur du cabinet du préfet à la préfecture de Paris pour venir en aide à ses camarades de parti. Introduit dans le groupe par les soins de Mary Jayne Gold, il devient rapidement indispensable au Comité par sa connaissance de l'administration et sa faculté de monter des dossiers ou d'écrire des lettres dans le style officiel. Varian Fry le considéra très vite comme son chef de cabinet. Lui revint aussi, spécialement, la tâche de corréler le travail du bureau et d'établir des contacts avec les réfugiés résidant hors de Marseille, notamment ceux qui étaient internés dans les camps.

En même temps qu'il constitue une équipe nombreuse pour traiter le plus de cas possible et aider le plus de gens possible, intellectuels, créateurs et militants réunis, Varian Fry est en proie au doute. Il craint de ne pouvoir exercer sa mission plus de quelques semaines, se sentant pris en tenaille entre la suspicion des services diplomatiques américains et la surveillance des autorités vichystes. En même temps, Fry est porté par une sorte d'optimisme qui le pousse à continuer ce qui est devenu une mission pour lui, croyant parfois que sa nationalité et son rôle lui octroient une quasi-immunité.

Mais la zone libre n'est hélas pas un havre de paix qui serait éloigné à égale distance de l'ennemi idéologique et du gouvernement vichyssois. A neuf heures du matin, le 4 décembre, le maréchal Pétain arrive en gare Saint-Charles pour une visite officielle. Une véritable liesse a saisi les Marseillais qui sont partout massés pour apercevoir celui qui fait figure de sauveur. Une effigie de huit mètres de haut est placardée sur l'immeuble de la Légion, sur la Canebière. Le quai du Port a été débaptisé, ainsi que le lycée Thiers pour devenir quai et lycée Maréchal-Pétain. Rien ne vient troubler cette joie suspecte et nul opposant ne se manifeste pendant toute la durée du séjour. Il faut souligner que, de façon préventive et massive, tous les individus suspectés de pensées contraires à l'idéologie ambiante, plusieurs milliers très probablement, avaient été arrêtés et retenus pendant quatre jours dans des locaux divers (casernes, théâtres, cinémas et même des bateaux restés à quai). C'est sur l'un d'eux, le *Sinaia*, que Varian Fry, incarcéré avec des suspects de tous bords, va se retrouver avec les membres de son comité, ainsi qu'avec André Breton et Victor Serge.

Dans les premières semaines qui suivent son installation, Varian Fry va profiter du désordre général consécutif à l'Armistice pour organiser des expéditions vers la frontière espagnole. Le relâchement de la police, la rémanence, à Marseille, de certains consulats de pays pourtant annexés qui continuent à fournir des visas à Fry tant que leur situation n'est pas réglée créent un climat propice aux échappées salutaires. Arriver à la frontière espagnole, c'est pouvoir atteindre presque à coup sûr Lisbonne, seul grand port européen encore en liaison avec les Amériques. La complexité des autorisations à obtenir pour quitter un pays, en traverser un autre, parvenir à un troisième est si kafkaïenne, les bateaux en partance pour les pays libres si rares, la ville si surpeuplée par tous les espoirs en attente, les moyens de survie si limités que subsister et partir tenait le plus souvent du miracle.

Au danger, qui guette certains ressortissants allemands réfugiés en France pour échapper à la vindicte nazie, d'être parqué dans des camps pour étrangers tels que le trop fameux camp des Milles (Hans Bellmer, Max Ernst, Ferdinand Springer, Wols en feront l'amère expérience[3]), va s'ajouter, à partir de décembre 1940, un froid exceptionnel. Le 3 janvier 1941, la température descend à moins huit degrés en région marseillaise. Devant les difficultés à se procurer denrées alimentaires, bois de chauffage, vêtements protecteurs, le Centre américain, qui octroie des allocations de secours aux moins nantis, submergé par les demandes (entre soixante-dix et quatre-vingts par jour), a besoin d'argent. Il reçoit de l'argent d'Angleterre ou des Etats-Unis, mais cela nécessite des opérations clandestines, donc dangereuses, de change. Certains riches émigrants laissent de l'argent, à charge d'être remboursés à l'arrivée à New York. De riches et compatissants Américains (Peggy Guggenheim, bloquée à Grenoble avec sa collection d'œuvres d'art contemporain, Mary Jayne Gold, riche héritière ayant préféré aider l'œuvre de Fry plutôt que de rentrer aux Etats-Unis) offrent aussi leur obole. Le tout sous la surveillance ambiguë de la police française, mi-menaçante mi-complice. Car le Centre va bénéficier des aspirations à la liberté et à la résistance qui commencent à se faire jour.

En décembre 1940, alors même que le froid et la neige vont s'installer durablement sur Marseille et sa région, le Centre américain de secours, domicilié au 18 boulevard Garibaldi, à Marseille, compte dans son comité de patronage des personnalités aussi distinguées que Mmes François Charles-Roux, Marie Cuttoli, la comtesse Lily Pastré ou l'actrice Françoise Rosay. Et des célébrités de tous domaines telles que MM. Pablo Casals (lui-même inscrit sur les listes de Varian Fry), André Demaison, Georges Duhamel, André Gide, Aristide Maillol (qui fera le funeste voyage à Berlin avec entre autres André Derain), Emmanuel Mounier, Wladimir d'Ormesson ou Emile Ripert.

La mission de Fry à ce moment-là s'est singulièrement infléchie. Il était parti de New York avec pour consigne de convaincre quelques artistes en vue à s'exiler vers les Etats-Unis. Il était ainsi certain d'avoir des subsides importants s'il parvenait à convaincre des vedettes incontestées telles que Matisse ou Picasso, car la philanthropie américaine ne négligeait pas les retombées publicitaires de ce système de bienfaisance.

Dès son arrivée, Fry s'était mis en quête de Matisse, de Picasso et de Chagall, qui figuraient en bonne place alphabétique dans la liste de 1941 du Emergency Rescue Committee. Mais tel ne voulait pas partir, tel autre ne sentait pas encore le souffle menaçant du danger, tel autre enfin se sentait trop vieux, trop malade pour faire un tel voyage. Il nous reste de très émouvantes photos prises par Varian Fry lors de ses visites à Matisse. La présence des noms de Pablo Picasso et Henri Matisse sur cette longue liste (deux mille noms de gens célèbres et d'inconnus, menacés de la même façon) est à la fois la preuve que Varian Fry a tenté de remplir les conditions imposées pour pouvoir recevoir cet argent qui

---

3. Voir le catalogue *Des peintres au camp des Milles, septembre 1939 - été 1941*, Actes Sud, 1997.

va bientôt tant manquer et la trace de cet attachement au sol natal ou d'accueil des deux géants du XXᵉ siècle pictural. Même André Gide, contacté, ne verra pas la nécessité de quitter la France occupée, se pensant sans doute trop âgé et d'une certaine façon intouchable. D'autres, Heinrich Mann, Walter Benjamin, Franz Werfel et sa femme Alma (qui avait été l'épouse de Gustav Mahler et de Walter Gropius), ne se feront pas prier pour tenter d'atteindre une frontière proche afin de retrouver la liberté, même si Walter Benjamin se suicide à la frontière espagnole.

La villa Air-Bel

C'est en octobre 1941 que va naître la parenthèse de la villa Air-Bel, sorte de bastide située en banlieue marseillaise, que le hasard va transformer en phalanstère intellectuel du surréalisme et autres lieux. Théo et Daniel Bénédite (accompagnés de leur fils Pierre), enfin engagés dans les troupes du Centre américain de secours, cherchent à se loger autrement que ballottés d'un hôtel à l'autre, dans une ville surpeuplée où le prix des chambres se fait au jour le jour et à la tête du client. Ce sont Théo et Mary Jayne Gold qui parcourent Marseille en tramway pour trouver non pas un logement familial, mais une grande maison vide, point trop éloignée du centre, et qui aurait l'avantage économique d'avoir un loyer divisible à plusieurs. Victor Serge et son fils ont été pressentis comme colocataires. C'est à moins d'une demi-heure en tramway que se cache l'oiseau rare. C'est une vaste maison aux volets clos et au crépi qui s'écaille, qui se cache derrière une grille, en haut d'une allée bordée de platanes prolongée par une voie plantée de gigantesques cèdres. La merveille est là, dans le quartier de la Pomme, à quelques pas de l'arrêt du tramway, une grande bâtisse rectangulaire sur un terre-plein en terrasse. Le propriétaire en est le docteur Thumin, un vieil homme qui vit en célibataire avec sa sœur dans le pavillon à côté. Lorsque Daniel Bénédite le rencontre, l'affaire se fait promptement. Le propriétaire, qui croit faire une affaire, en demande un prix dérisoire aux yeux de son futur locataire. L'affaire pourrait être trop belle : dix-huit pièces entièrement meublées, un grand parc, des commodités vieillottes, mais somptueuses par ces temps hasardeux. Le docteur Thumin, content de son coup, offre même le tas de bois qui gît derrière la maison. La villa Air-Bel (puisque c'est elle) s'apprête à entrer dans la légende surréaliste.

Victor Serge, aussitôt contacté, accepte l'aubaine et viendra avec sa compagne Laurette Séjourné et son fils Wlady. Daniel Bénédite comptait partager la villa avec Varian Fry et Mary Jayne Gold, mais Victor Serge lui suggère de demander également à André Breton qui se trouve en situation précaire à Marseille, avec sa femme, la peintre Jacqueline Lamba, et sa fille Aube. André Breton est reconnu comme un écrivain important et comme le maître incontesté du surréalisme, sur lequel il fait régner la pluie et le beau temps au gré de

Photographies d'identité d'André Breton, de Jacqueline Lamba et de leur fille Aube qui furent utilisées pour leur visa pour les Etats-Unis.

ses diktats et de ses excommunications. Mais il est interdit de publication par la censure de Vichy. Bien qu'il pense que le cocktail pourrait être par trop explosif, Daniel Bénédite, convaincu par le nombre de chambres (huit) que compte leur nouvelle demeure, accepte et convainc même les autres d'accepter.

Deux jours plus tard, la compagnie s'installe à Air-Bel, s'extasiant à qui mieux mieux sur la bibliothèque de quarante mètres carrés qui contient des trésors d'éditions originales, sur la toile de Jouy qui couvre les murs, sur l'antique salle de bains ou sur le vaste domaine qui ceint la bâtisse, planté d'espèces multiples : platanes, cèdres, acacias, diverses sortes de palmiers dans une serre, pins, ormes, buis et arbres fruitiers, sans oublier un potager réservés aux primeurs.

Air-Bel va rester un souvenir difficilement oubliable pour l'ensemble des protagonistes, non seulement parce qu'il fait figure de paradis dans l'enfer de l'après-capitulation, mais parce que la vie intellectuelle va s'y organiser autour de Victor Serge et d'André Breton. Ce dernier trouve en Varian Fry, homme raffiné, cultivé, un interlocuteur de choix. Varian Fry est membre, aux Etats-Unis, de la "Audubon Society", qui allie le culte de l'art à celui de la nature, conjoints à travers l'œuvre gravé de John James Audubon (1785-1851), élève de Jacques-Louis David, champion du néoclassique, et de Pierre-Joseph Redouté, peintre renommé de roses et professeur de dessin de Marie-Antoinette. Varian Fry se consacrera à l'observation des oiseaux qui peuplent les multiples ramures du parc pour parfaire ses connaissances ornithologiques. Les soirées se passent au salon pour entendre Victor Serge lire quelques bonnes pages de son roman, *L'Affaire Toulaev*, sur lequel il travaille, ou André Breton parler de peinture (surtout de ceux qu'il considère comme les précurseurs du surréalisme : Bosch, Arcimboldo et Gustave Moreau), de littérature, de poésie, ou lire les lettres que lui envoient Marcel Duchamp, Benjamin Péret ou André Masson, qui ont tous en projet de venir à Marseille. Breton ne fait pas que charmer son entourage, il compose également ce qui deviendra *Fata Morgana*.

C'est le dimanche après-midi que la villa Air-Bel se transforme. Breton a réussi à reconstituer un cercle surréaliste. Toutes les fins de semaine, le tramway débarque, à quelques mètres de la grille, Oscar Dominguez, Victor Brauner, Jacques Hérold et Wifredo Lam, parfois rejoints par Max Ernst et Frédéric Delanglade, tous peintres. Venus en voisin de La Parette proche, où ils ont réussi à se loger, les écrivains Pierre Herbard et Jean Malaquais (dernier lauréat du prix Renaudot) sont aussi de la partie. Parfois, la bande a

René Char en visite à Air-Bel. Photo D.R.

Marcel Duchamp
Rose Sélavy, 1939
Livre, papier, 16,5 x 19,2
Collection particulière.

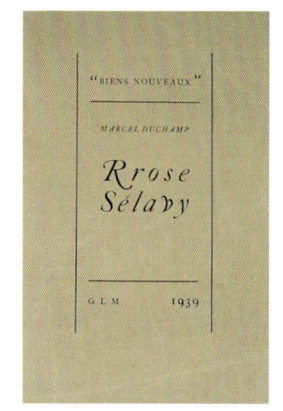

la visite de Marcel Duchamp qui a caché à Sanary, chez sa sœur, les multiples morceaux des exemplaires de sa boîte en valise, avec lesquels il passera aux Etats-Unis. La plupart sont aussi les clients du Centre américain de secours et beaucoup figurent sur les listes de Varian Fry, attendant le moment propice pour tenter l'aventure de l'exil, afin de fuir les camps par où certains sont déjà passés ou pour s'éloigner d'un climat peu propice à la création plastique. Bien que personne ne parle des difficultés présentes et des espérances lointaines, Victor Serge baptisera la villa Air-Bel, le "château Espère-Visa".

Citer le nom de tous les visiteurs relève de la gageure, mais on peut avancer ceux de Hans Bellmer, souvent à l'écart, de Tristan Tzara, d'André Masson, de René Char, d'Arthur Adamov, de Benjamin Péret et de Remedios Varo, de Camilla Koeffler, plus connu sous son pseudonyme de photographe, Ylla.

Cadavres exquis et jeux surréalistes

Malgré l'atmosphère tendue par la mise en balance de tant de destins, la journée se conclut systématiquement par la pratique de ces jeux surréalistes qui permettent de créer en commun. Les archives d'André Breton contiennent encore des exemples de ces pratiques. Cadavres exquis exécutés par trois ou quatre partenaires (sans oublier Jacqueline Lamba), collages en grille ou dessins collectifs. Soigneusement conservés et annotés au dos du nom de certains des participants (André Breton n'oublie jamais le sien, omniprésent), ces œuvres communes sont pour

La coupe de bois à Air-Bel.
Photo André Gomès.

nous autant de jeux de pistes complexes dont il faudrait reconstituer les partenaires, toujours changeants de dimanche en dimanche.

Le cadavre exquis est, de toutes les techniques littéraires ou plastiques créées ou recréées par le surréalisme, celle qui a fini par en devenir une image symbolique. "Le cadavre exquis a, si nous nous souvenons bien – et si nous osons ainsi dire – pris naissance vers 1925 dans la vieille maison, depuis lors détruite, du 55 rue du Château." Cette pratique surréaliste concernait dans un premier temps l'écriture, puis sera rapidement transférée au dessin, toutes techniques (et même collage) comprises. "Le cadavre exquis boira le vin nouveau" serait la première phrase obtenue en jouant avec une feuille de papier pliée en colonne, recevant chacune un des membres (sujet, adjectif, verbe, complément) de la phrase.

Dans la *Petite Anthologie poétique du surréalisme*, Georges Hugnet décrit le célèbre jeu qui porte le nom de "cadavre exquis" : "Vous vous asseyez à cinq autour d'une table. Chacun de vous note, en se cachant des autres, sur une feuille, le substantif devant servir de sujet à une phrase. Vous passez cette feuille pliée de manière à dissimuler l'écriture à votre voisin de gauche en même temps que vous recevez de votre voisin de droite la feuille qu'il a préparée de la même manière… Vous appliquez au substantif que vous ignorez un adjectif… Vous procédez ensuite de même manière, pour le verbe, puis pour le substantif devant lui servir de complément direct, etc."

Le même processus appliqué au dessin, avec trois ou quatre participants, va voir se constituer des équipes mêlant peintres ou sculpteurs et écrivains qui ne seront pas les derniers à jouer avec les formes. Dans le massif de cadavres exquis dessinés, on retiendra les noms de Max Morise, Paul Eluard, André Breton, Léo Malet, Robert Desnos, Jacques Prévert, Benjamin Péret, Tristan Tzara, faisant équipe avec Man Ray, Yves Tanguy, Joan Miró, Onslow-Ford, Jacqueline Lamba, Jacques Hérold, Valentine Hugo et beaucoup d'autres. En se mêlant (en se confondant même) avec le trait du plasticien, le travail graphique de l'écrivain se confronte directement aux notions d'invention, d'imagination et de répartie (voir Breton, Eluard, Péret).

Mais les jeux surréalistes sont parfois solitaires : André Masson, à partir de 1924, envisageait le dessin automatique (double plastique de l'écriture automatique) comme un processus permettant de délivrer le trait des servitudes de la représentation et une aide technique pour susciter la remontée des profondeurs de l'inconscient d'images et de propositions nouvelles. C'est peut-être de là que naissent les nouages et les enchevêtrements qui, des dessins de sable aux peintures de la Martinique et aux "tableaux iroquois", tissent une parenté certaine (et même une filiation, avec les œuvres de Pollock et celles de l'expressionnisme abstrait.

Le jeu le plus mémorable de ces dimanches d'Air-Bel sera l'invention et la création d'un nouveau jeu de cartes, appelé "jeu de Marseille". Avec un clin d'œil aux fameux "tarots de Marseille" (cartes divinatoires toujours prisées par les voyantes), mais sans renouveler les structures et les règles du jeu de cartes, ces trente-deux lames rendent hommage aux principes et aux génies tutélaires du surréalisme, comme la réédition qu'en a faite André Dimanche en 1985 permet de le constater. Les symboles et les figures étant changés, les familles (cœur, pique, trèfle, carreau) devinrent l'Amour (une flamme), le Rêve (une étoile noire), la Révolution (une roue sanglante) et la Connaissance (une serrure). Les rois se muèrent en génies, les dames en sirènes, les valets en mages. Au lieu de Lancelot et autres Laerte, les figures furent remplacées par les figures emblématiques de l'univers surréaliste : la famille "Amour" comportait Baudelaire, la Religieuse portugaise et Novalis, la famille "Rêve" Lautréamont, Alice (de Lewis Carroll) et Sigmund Freud, la famille "Révolution" le marquis de Sade, Lamiel et Pancho Villa, la famille "Connaissance" Hegel, Helen Smith et Paracelse. Quant au joker, il reprenait la figure du Père Ubu, telle que l'avait dessinée Alfred Jarry. Par tirage au sort, Paracelse et Hélène Smith échurent à Brauner, Paracelse et la serrure de la Connaissance à André Breton, Sade et Lamiel à Jacques Hérold, la religieuse portugaise et Novalis à André Masson, Pancho Villa et l'as d'Amour à Max Ernst, la Roue de la révolution à Jacqueline Lamba. Assez de travail pour occuper plusieurs longs dimanches.

Proches parents des jeux mais sous-tendus par des considérations plus sérieuses, deux événements surréalistes eurent lieu dans les jardins de la villa Air-Bel : une exposition de tableaux de Max Ernst dans les platanes plantés sur le terre-plein devant la maison (dans une période où les expositions manquaient cruellement) et une vente aux enchères d'œuvres surréalistes de la joyeuse compagnie où le rôle du commissaire-priseur fut tenu par le comédien Sylvain Itkine, autre habitué des dimanches de La Pomme. Mais là, le jeu était balayé par les besoins d'argent et la nécessité de, tous les jours, trouver des subsides supplémentaires.

André Masson, Novalis, *1941, crayon et aquarelle sur toile, 27,5 x 16. Collection particulière.*

Vente aux enchères fictive à la villa Air-Bel. Photo André Gomès.

Les clients du CAS

Les solliciteurs du Centre de secours américain nous sont connus par de très nombreux témoignages des protagonistes eux-mêmes, mais aussi par les dossiers et documents divers instruits et formés par les collaborateurs directs de Varian Fry. Aux côtés d'un grand nombre de gens modestes cherchant à fuir à cause de leurs origines juives ou de leurs positions politiques, des noms plus ou moins célèbres de créateurs et d'intellectuels montrent quels dangers couraient la création et l'art. Une liste de plus de deux mille noms, établie en 1941, fait prendre la mesure des enjeux personnels et intellectuels encourus. Si on y trouve les noms des candidats idéaux aux yeux des riches démocrates américains soutenant de leur poche les départs de Marseille, comme Picasso ou Matisse, ceux-ci ne seront jamais du voyage. Et c'est bien la spécificité de cette énumération interminable. Il ne s'agit pas des élus des malheureux en attente, en souffrance devrait-on dire. Parmi tant et tant de patronymes, ceux du philosophe Julien Benda (1867-1956), des peintres Camille Bryen (1907-1977), Max Ernst (1891-1976), Philippe Hosiasson (1898-1978), Jacqueline Lamba (1910-1993), femme d'André Breton, Georges Malkine (1898-1970), Jeanne Modigliani (1918-1994), fille du fameux peintre de Montparnasse, des écrivains issus du dadaïsme et du surréalisme Max Morise (1900-1973) Benjamin Péret (1899-1959) et Tristan Tzara (1896-1963), de la photographe Camilla Koeffler, dite Ylla, dont nous restent de superbes clichés du Centre de secours, rue Grignan, et de l'historienne d'art Louise Ernst, première femme de Max et mère de Jimmy Ernst, qui émigre dès 1939 aux Etats-Unis et deviendra également peintre. Destins croisés qui purent partir, restèrent, trouvèrent refuge dans l'arrière-pays ou furent pourchassés et jetés en camps de concentration.

En respectant l'ordre alphabétique, on peut s'attarder sur un certain nombre de ces personnalités, sur leur destin et sur leurs œuvres. Sans égard pour leur spécificité ou les genres dans lesquels ils s'illustrèrent, voici une trentaine de cas ayant sollicité Varian Fry, ou ayant été sollicités par lui.

Sophie Taeuber, Formes coïncidentes lignes et plans, *1942-1943, crayons de couleur sur papier, 32,2 x 30,6. Collection particulière.*

Arthur Adamov (1908-1970). Auteur dramatique français d'origine russo-arménienne. La révolution soviétique d'Octobre et la guerre civile l'installent dans l'exil, définitivement. D'abord la Suisse, jusqu'en 1922, puis l'Allemagne de la République de Weimar. En 1924, il s'établit enfin en France. De cette vie déracinée et de cette jeunesse errante, Adamov garde des plaies ouvertes. En 1938, il traduit *Dialectique du moi et de l'inconscient* de Carl Jung et se met sérieusement à l'écriture. La rédaction de ses textes se poursuivra durant la guerre malgré les circonstances difficiles (il est interné pendant six mois au camp d'Argelès à cause de son hostilité avouée à Vichy), et la parution de *L'Aveu* (1946) sera un événement salué par Artaud.

Jean Arp (1887-1966). Installé à Grasse chez les Magnelli en 1941, Arp et sa femme Sophie Taeuber-Arp s'activent pour faire passer en Suisse, en 1942, avec l'aide de leurs amies Marguerite Hagenbach et Maia Sacher, des enfants français atteints de malnutrition. Puis Arp retourne à Paris caché dans le coffre de la voiture de Janine Picabia. Malgré la garantie du Moma de prendre en charge tous les frais de leur voyage, Jean et Sophie ne réussissent pas à obtenir de visa pour les Etats-Unis. Le 14 novembre 1942, ils se rendent en Suisse où Max Bill et la sœur de Sophie les accueillent. Sophie mourra en 1943 dans l'atelier de Max Bill, à cause des émanations d'un poêle à charbon.

Hans Bellmer (1902-1975). Hans Bellmer, d'origine allemande, s'est analysé lui-même dans un ouvrage paru en 1957, *L'Anatomie de l'image (Petite Anatomie de l'inconscient physique)*, dans lequel il commente ses obsessions, les confrontant notamment à la pensée de Freud sur les jeux de mots ainsi qu'aux expériences hallucinogènes du poète Joë Bousquet, dont il fut l'ami. Il rencontra celui-ci en 1945 à Carcassonne où il avait fini par échouer après avoir été interné cinq mois au camp des Milles, près d'Aix-en-Provence, en 1940, puis au camp de Meslay-du-Maine. Jusqu'à la Libération, il vécut entre Castres, Revel et Toulouse.

Marc Bloch (1886-1944). Historien, fondateur de la revue *Les Annales d'histoire économique et sociale* en 1929 avec Lucien Febvre, il entre dans la clandestinité en 1942 et continue d'écrire sous le pseudonyme de Fougères. A la libération de Lyon, dans l'été 1944, on découvre son cadavre dans un charnier de résistants récemment abattus.

Erwin Blumenfeld (1897-1969). Dessinateur, collagiste, et surtout un des premiers grands photographes de mode. Il s'établit à New York en 1941 afin d'échapper aux persécutions antisémites. Il est l'exemple de l'implantation dans la photographie de mode de l'esthétique et des préoccupations issues du surréalisme.

Victor Brauner (1902-1966). Peintre roumain, arrivé à Paris en 1929, c'est l'un des créateurs les plus authentiques du surréalisme. Réfugié dans les Alpes en 1942, après avoir séjourné à Marseille et fréquenté la villa Air-Bel, il réinvente la peinture à la cire.

Pablo Casals (1876-1973). Violoncelliste espagnol, il s'expatrie en 1939 en signe d'opposition au franquisme, et s'installe à Prades, petite ville pyrénéenne proche de la frontière

Henriette Gomès et Victor Brauner à la villa Air-Bel, 1941. Photo André Gomès.

Hans Bellmer, Poupée, lithographie. Collection particulière.

espagnole et des camps de réfugiés politiques. Il donne de nombreux concerts à leur bénéfice et il sera partie prenante du comité de soutien du Centre de secours américain.

Marc Chagall (1887-1985) et Bella : Peu avant 1940, l'angoisse due à la guerre se devine dans la séries des "Crucifixions" et même dans les scènes de cirque, qui se doublent de symboles menaçants. En 1941, Chagall se réfugie aux Etats-Unis. Ses œuvres américaines portent les mêmes stigmates que celles qui les précèdent immédiatement. "En fait, dans ses peintures et ses déclarations publiques de sa période américaine, comme dans les poèmes qu'il écrit à l'époque, Chagall a révélé qu'il était constamment obsédé par le sort de deux peuples européens : les artistes français et les juifs d'Europe de l'Est[4]". Il crée décors et costumes pour le ballet *Aleko*, puis, après la mort de Bella, il travaille pour *L'Oiseau de feu*, de Stravinski, qui sera monté à l'Opéra de New York. Rentré en France, il réside à Saint-Germain-en-Laye, au cap Ferrat, puis à Vence.

Pierre Cohen, dit Pierre Chenal (1904-1990). Cinéaste populaire utilisant les thèmes chers au cinéma français des années trente, ainsi que ses acteurs vedettes de premiers ou seconds rôles, il est obligé de se replier en Argentine et au Chili pendant la guerre.

Leonor Fini (1908-1996). Peintre française, d'origine italienne, née à Buenos Aires. Elle s'installe fort jeune à Paris et participe en 1936 à l'exposition surréaliste de Londres, tout en refusant de faire partie du mouvement. Son art est proche, pendant les années de guerre, de celui-ci de Max Ernst avant de décliner en archétypes.

Otto Freundlich (1878-1943). Peintre et sculpteur allemand dont l'une des sculptures avait été choisie par les nazis pour illustrer la couverture du catalogue de l'exposition "Entartete Kunst" ("Art dégénéré"). Arrêté en 1943 dans un petit village des Pyrénées, il est déporté au camp de Lublin-Maidanek, en Pologne, où il meurt.

Norbert Glanzberg, compositeur de chansons restées célèbres, comme "Padam Padam" sur des paroles d'Henri Contet ou "Tu me fais tourner la tête" sur un texte de Jean Constantin, écrites pour Edith Piaf, essentiellement.

Raoul Hausmann (1886-1971). Représentant type du dadaïsme allemand, inventeur des collages syllabiques et précurseur de la poésie concrète, il fut à la fois un grand peintre, un grand photographe et un grand écrivain. Emigré en France en 1938, il s'installe à Limoges, où il mènera jusqu'à la fin de ses jours une existence très discrète, se consacrant à la peinture et à la photographie.

Vassili Kandinsky (1887-1944) et Nina. Réfugié à Paris (où il se fait naturaliser en 1939 et où il meurt le 13 décembre 1944), il semble faire partie de ces artistes de renom dont la présence sur la liste Fry devait permettre une meilleure publicité de l'action de ses mécènes aux Etats-Unis.

Wifredo Lam (1902-1982). Né d'un père chinois et d'une mère afro-cubaine, Lam a le secret de se replonger dans ses racines les plus lointaines. C'est seulement en 1928 qu'il voit des sculptures africaines à Barcelone, où il est venu achever ses études d'art, commencées à La Havane. En 1937, la guerre civile en Espagne

---

4. In catalogue *Exilés + immigrés, l'exode des artistes européens devant Hitler*, Musée des Beaux-Arts de Montréal, 1997.

le pousse à se réfugier à Paris. Dès 1939, la peinture de Lam se rapproche du surréalisme, auquel il adhère pleinement à Marseille en 1940, lorsqu'il y trouve refuge avec d'autres artistes du mouvement. En 1941, il réussit à regagner son pays natal (Cuba), sans rompre le contact avec les surréalistes. Sa peinture, délivrée des influences immédiates, prend sa pleine mesure avec une toile comme *La Jungle*, dont il existe de nombreuses esquisses explicitant le chemin qui mène du surréalisme à son propre ancrage culturel.

Wanda Landowska (1879-1959). Claveciniste et pianiste polonaise, morte à Lakeville, aux Etats-Unis. Elle est la première à rendre au clavecin, bien oublié, la place qui lui était due. En 1940, elle abandonne Saint-Leu (où elle avait fondé en 1927 une académie de musique ancienne avec Alfred Cortot) et, après de multiples péripéties, elle parvient à New York en 1941. Là, à soixante-deux ans, elle commence une nouvelle carrière, qui en fait le précurseur du renouveau des musiques baroques et de leur authenticité.

Henri Laurens (1885-1954). Entre 1939 et 1945, Laurens, sans doute le plus grand des sculpteurs cubistes, très attaqué par la collaboration, vit extrêmement retiré. La présence de son nom sur la liste est-elle de même nature que ceux de Matisse, Kandinski et Picasso ?

Lipchitz Jacques (1891-1973). Sculpteur français d'origine lituanienne, il recourt au cubisme pour mettre en forme un jeu de volumes complexes dans l'espace. A partir de 1930, l'œuvre s'infléchit vers une forme de baroque très personnelle. En 1941, Lipchitz se réfugie à New York. Bien que citoyen français depuis 1925, il se fixe définitivement à Hastings-on-Hudson en 1947. Il gardera une amitié indéfectible à Varian Fry.

Arthur Vincent Lourié (1892-1966). Compositeur américain d'origine russe, Lourié est l'exact contemporain de Prokofiev. Envoyé à Berlin en 1922, il reste sur place, puis émigre en France. Oublié des Français alors qu'il vécut à Paris de 1924 à 1940, il devient un compositeur à la mode. Son grand ballet *Le Festin durant la peste* d'après Pouchkine, voit ses répétitions à l'Opéra de Paris (1940) interrompues par la guerre. En 1940, il émigre aux Etats-Unis, adopte la nationalité américaine en 1947 et meurt, totalement ignoré, le 13 octobre 1966, à Princeton, au domicile des Maritain.

Jean Lurçat (1892-1966). On lui doit le renouveau de la tapisserie au XXe siècle, avec l'aide de la mécène Marie Cuttoli, mais Jean Lurçat a touché à des domaines très divers : peintures, dessins, aquarelles, estampes, vitraux, céramiques, mosaïques, décors de théâtre, poèmes, textes critiques. La guerre de 1940 oriente Lurçat vers des sujets engagés, tissés clandestinement à Aubusson. L'œuvre gigantesque de Lurçat (de 1940 à 1962, huit cents pièces ont été tissées) est un peu négligée, mais on lui doit néanmoins le sauvetage de l'art textile monumental.

Magnelli Alberto (1888-1971) et Susi. Autodidacte, Alberto Magnelli peint en 1907 son premier tableau à Florence, sa ville natale. En 1931, Magnelli s'installe définitivement à Paris et réalise, après un voyage à Carrare, la série des "Pierres", qui sera exposée à la galerie Pierre Loeb en 1934. Il passera la guerre à Grasse, d'abord en compagnie des Arp.

Clara Malraux (1897-1982). Première femme d'André Malraux, d'origine juive, elle est théoricienne, romancière, essayiste et mémorialiste. Ses origines ainsi que son engagement politique la mettaient en grand danger physique.

Franz Masereel (1889-1972). Peintre et graveur expressionniste, Flamand de naissance et de tempérament, il travaille surtout à Paris avant de se fixer à Nice, où il est mort.

César Nieuwenhaus, dit César Domela (1900-1992). Militant de l'abstraction pure, César Domela est né à Amsterdam. A Paris en 1924, où il s'installera dès 1933, après six ans passés à Berlin, il rencontre Piet Mondrian et Theo Van Doesburg et s'engage à leurs côtés en adhérant au mouvement De Stijl. De 1937 à 1939, il édite avec Sophie Taeuber-Arp la revue *Plastique*. Pendant l'Occupation, l'artiste survit en fabriquant toutes sortes d'objets d'orfèvrerie et de bijoux incrustés. Sous le titre "Domela, 65 ans d'abstraction", l'exposition rétrospective organisée par le musée d'Art moderne de la Ville de Paris en 1987 a permis de reconsidérer son œuvre dans toute son importance fondatrice.

Max Oppenheimer dit Max Ophüls (1902-1957). Né à Sarrebrück et naturalisé français en 1938, Max Ophüls est allemand d'origine. Avant de briller au cinéma, Ophüls fit une très importante carrière théâtrale. Il dut quitter précipitamment l'Allemagne pour la France au lendemain de l'incendie du Reichstag, en raison de ses origines israélites, et la France pour New York en 1940 pour les mêmes raisons. Ce double exil fut fatal à sa carrière commerciale cinématographique et empêcha de placer à leur juste rang des chefs-d'œuvre comme *La Ronde* ou *Lola Montès*.

Picasso Pablo (1881-1973). Tous les tableaux peints autour de 1940 sont parasités par l'atmosphère de la guerre, qu'il s'agisse de la *Pêche de nuit à Antibes* (1939), de la *Femme se coiffant* (1940), ou des toiles, natures mortes et figures, qui évoquent les petites misères quotidiennes et les obsessions alimentaires des années de l'Occupation. Resté en France pendant l'Occupation, son œuvre traverse sa période la plus dure et la plus noire.

Vladimir Pozner (1905-1992). Dans le groupe des "Frères de Sérapion", il y a trois poètes, dont Vladimir Pozner, qui part en France avec sa famille en 1922 et deviendra un écrivain de langue française

Pierre Roy (1880-1950). En novembre 1925 aura lieu, galerie Pierre à Paris, la première exposition du groupe surréaliste qui réunit Arp, Chirico, Ernst, Klee, Masson, Miró, Picasso, Man Ray, et un homme qui n'a pas de contact en profondeur avec le mouvement, Pierre Roy. Il reste un des peintres les plus secrets du surréalisme. Son amitié avec Alberto Savinio et Giorgio de Chirico le situe dans un axe plus symbolique et plus méditatif que ses contemporains.

Boris Souvarine (1895-1984). Il naît à Kiev dans un milieu pauvre ; son père est ouvrier et Boris Lifschitz (qui prendra son pseudonyme dans *Germinal* d'Emile Zola) arrive en France en 1898. Il défend les thèses de Trotski dont il publie en France *De la révolution : cours nouveau*, le livre de la révolution permanente. Anticipant sur l'Histoire, ce visionnaire annonce, dès le mois de mai 1939, le pacte germano-soviétique, Staline ne pouvant garder le pouvoir qu'en s'alliant avec son pire ennemi, Hitler. Il s'exile en 1941, mais à son retour des Etats-Unis, en 1947, il redevient le critique du totalitarisme en dirigeant *L'Observateur des Deux-Mondes*, puis *Le Contrat social*.

Wilhelm Uhde (1874-1947). D'origine allemande, fixé en France en 1903, il découvre le Douanier Rousseau, sur lequel il écrit le premier livre. Il s'intéresse aussi, dans le même temps, à Braque et à Picasso, dont il achète des toiles dès 1905. Il organise des expositions de peintres français modernes à Zurich, à Berlin et à New York. Comme celle de Kahnweiler, sa collection est saisie en tant que "biens ennemis" pendant la Première Guerre mondiale, et ses deux ou trois cents toiles cubistes sont bradées aux enchères en 1921. Uhde se tourne alors vers les peintres naïfs. On lui doit notamment la découverte de Louis Vivin et de Séraphine dite "de Senlis", sa femme de ménage dont il découvre les bouquets mystico-allégoriques. Il défendra, dans plusieurs livres, les artistes, savants ou naïfs, qu'il admirait.

Remedios Lisarago Varo est née en Catalogne en 1913 et morte à Mexico en 1963. Peintre, compagne de Benjamin Péret, avec lequel elle retrouvera au Mexique, à partir de 1940, Wolfgang Paalen, Gordon Onslow-Ford ou Léonora Carrington.

Ernst, Masson et Breton

Pour exprimer au mieux les bouleversements qu'impose la guerre, puis l'Occupation, trois cas peuvent être exposés, chacun exemplaire dans son unicité.

Lou et Max Ernst : Pour Max Ernst, si son aventure d'exilé est connue (le 14 juillet 1941, Max Ernst et Peggy Guggenheim, qui deviendra sa femme, arrivent à New York) et si les dossiers du Centre de secours ont été longuement étudiés, il est intéressant de

Max Ernst et Jacqueline Lamba à la villa Air-Bel. Photo André Gomès.

connaître l'autre face des déboires de guerre, tels que les raconte son fils Jimmy, qui le précède à New York. Bien que longues, les citations suivantes retracent au mieux l'émotion qui accompagne les souffrances et les dérives historiques. Jimmy Ernst, inquiet du sort de sa mère, première femme de Max, abandonnée lorsqu'il rejoint la France, tente d'orchestrer un sauvetage depuis New York :

"Ne sachant où me tourner et enhardi par l'optimisme apparent d'Alfred Barr au sujet de Max, je risquai une nouvelle visite à son bureau pour lui demander l'aide du Rescue Committee pour ma mère. «Malheureusement, me dit-il quelques jours plus tard, les gens du Committee m'ont fait savoir que toutes leurs énergies sont actuellement centrées sur les intellectuels les plus éminents d'Europe. Ils vous enverront une liste d'autres organisations susceptibles de vous aider.» Je me souviens de la sympathie dans la voix de Barr : «C'est dur, Jimmy, asseyez-vous une minute. Je voudrais pouvoir vous aider immédiatement.» Il m'adressa un de ses intenses regards – Barr, soutenant son visage du bout des doigts de ses deux mains. [...] «Ils sont divorcés, n'est-ce-pas ?» l'entendis-je prononcer au bout d'un long silence.

Une idée commença à germer dans ma tête : «Oh oui ! vous savez, il a été marié avec Marie-Berthe pendant six ans, et j'ai le document du divorce de Max et de ma mère. Ces papiers ne furent probablement jamais traduit en français. Max et Marie-Berthe étaient catholiques romains et le premier mariage peut être considéré comme nul. Max, après tout, est entré illégalement en France et ne voulait pas se présenter devant le maire avec un document allemand.»

Je m'accrochais à des pailles tout en marchant sur l'eau. Il semblait que Barr eût attendu cette suggestion : «Voulez-vous dire que vous prendriez le risque de les introduire ici comme mari et femme ? Je vais voir avec le Committee, cela en vaut la peine.»

J'ignore de quelle manière Barr présenta les choses aux gens de l'Emergency Rescue ; il me dit simplement que les papiers avaient été établis pour Max Ernst et sa femme Amalia-Louise et qu'il n'y avait plus qu'à attendre".

"L'audacieuse idée de réunir mes parents avait avorté lamentablement et Lou avait en partie contribué à l'échec. Barr m'avait communiqué quelques informations. On put croire que mon plan désespéré aurait des chances de marcher jusqu'au printemps 1941, où l'International Emergency Rescue Committee consulta Eleanor Roosevelt à ce sujet. Varian Fry, dans un câble de Marseille, avisa New York : «ELEANOR A RAISON LOU ERNST INCAPABLE PASSER ENCORE POUR FEMME MAX.» Cela après qu'Hiram Bingham, vice-consul américain à Marseille eut rencontré Max et Lou afin de leur accorder un visa américain[5]".

Réfugiée à Manosque chez Jean Giono, Lou Ernst fut emprisonnée par les allemands et envoyée en camp de concentration où elle périt. Cette face tragique et sans issue des efforts de Varian Fry devait aussi être mise en lumière.

André Masson (1896-1987). Réfugié avec sa femme Rose, d'origine juive, et ses deux fils à Freluc, en Auvergne, en 1940, il cède aux instances d'André Breton et le rejoint à Marseille. La comtesse Lily Pastré met à sa disposition un petit pavillon de chasse à Montredon. Il sera un des hôtes assidus de la villa Air-Bel où il prend part aux jeux surréalistes et bien entendu à la réalisation des cartes du "jeu de Marseille". Cette période est surtout fertile en dessins, puisque Masson n'est plus capable d'acheter toiles et pinceaux, dans le climat de misère qui est celui de Marseille en 1941. Le 31 mars 1941, il s'embarque pour les Etats-Unis, via la Martinique, sur le *Camari*. Son voyage, ainsi que celui de Rose et des deux garçons, a été subventionné par la collectionneuse américaine Sadie A. May. Il arrive à Fort-de-France avec sa famille le 30 avril et descend à l'hôtel de l'Europe. On sait que la découverte de l'île va ouvrir sa peinture vers des voies

5. Jimmy Ernst : *L'Ecart absolu : un enfant du surréalisme*, Balland, Paris, 1986.

inédites, qui ne seront pas sans influences sur les artistes américains, ainsi que le montrent son chef-d'œuvre *Antille*, conservé au musée Cantini de Marseille, ainsi que les esquisses sur papier journal qui le précédèrent. Parti de la Martinique, il arrive à New York le 29 mai. Les *Paysages iroquois*, exécutés pendant la période américaine ne sont pas sans rapport avec les nombreuses esquisses effectuées à la Martinique. Cette période reste comme un des sommets de l'œuvre d'André Masson. L'exil vu dans sa dynamique et sa positivité.

André Breton (1896-1966). Une série de conférences le mène en 1938 à Mexico, où il rencontre Léon Trotski, qu'il a toujours admiré. *Pour un art révolutionnaire indépendant*, est le fruit de leur collaboration, bien qu'il ait paru signé Breton et Diego Rivera pour d'obscures raisons de représentations politiques. Mobilisé dans les services médicaux à Poitiers, il se replie après la débâcle à Salon, avec sa femme Jacqueline Lamba et sa fille Aube, chez Pierre Mabille, puis à Marseille où, avec d'autres écrivains et artistes, il se met sous la protection du Comité de secours américain aux intellectuels de Varian Fry. Le visa de censure est refusé à son *Fata Morgana* et à l'*Anthologie de l'humour noir* qu'il écrit pendant cette période difficile. Breton obtient un visa pour les Etats-Unis et part au printemps 1941, passant d'abord à la Martinique. Son séjour forcé d'un mois dans l'île lui permet de rencontrer Aimé Césaire, et lui inspire *Martinique, charmeuse de serpents* qui paraît en 1948. Les cinq ans qu'il passe à New York sont marqués par de nombreuses activités. En 1942, il organise avec Marcel Duchamp une exposition surréaliste, fonde une revue, *VVV*, écrit *Les Etats généraux*. En 1943, il rencontre Elisa, qui devient l'inspiratrice d'*Arcane 17*. Après leur mariage aux Etats-Unis, ils visitent les réserves des Indiens Pueblos. Rentré en France au printemps de 1946, Breton voit se constituer autour de lui un groupe surréaliste largement renouvelé.

Vers la fin

Varian Fry mourra en septembre 1967 dans le Connecticut, où il enseignait la philologie classique à des petites classes. La mort le prit alors qu'il relisait les pages qu'il avait écrites sur son expérience marseillaise afin de les

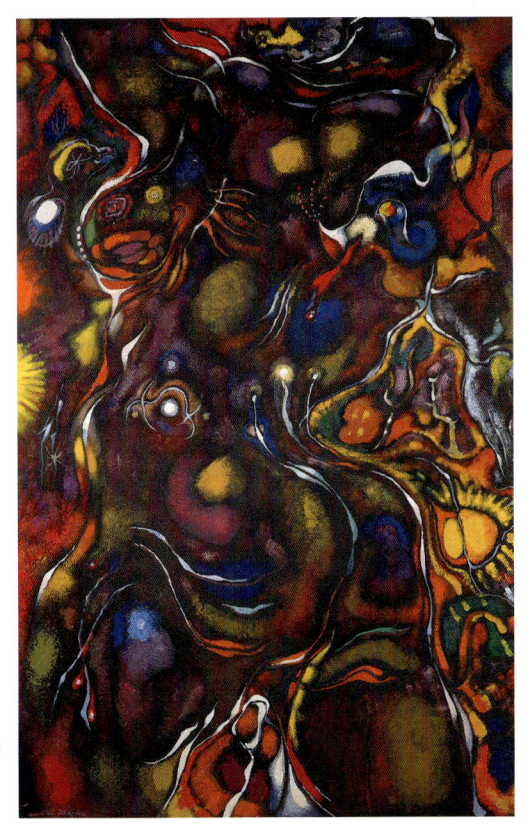

André Masson, Antille, 1943, 130 x 81, huile, sable détrempé et pastel sur toile. Musée Cantini, Marseille.

André Masson, Paysage en forme de poisson, 1941, huile sur toile, 36,1 x 46,1. Collection particulière.

remanier. Il considérait que cela restait l'épisode le plus important de son existence et avait eu du mal à retrouver une raison d'exister à son retour de France. Au printemps 1941, les forces de l'ordre l'avaient menacé de résidence forcée, et le consulat américain faisait pression sur lui afin qu'il rentre au pays. Le 28 août 1941, la police secrète française était venue le chercher à la villa Air-Bel afin de l'expulser vers la frontière espagnole. Sans soutien de la part de son consulat et devant la baisse d'intérêt de ses sponsors américains (même Eleanor Roosevelt pensait qu'il devait rentrer), ses activités illégales aux yeux du pouvoir, trop visibles, finirent par lui nuire. En gare de Cerbère où il était si souvent allé (notamment pour accompagner Franz Werfel et Alma) pour la liberté des autres, il prit amèrement congé de ses plus proches collaborateurs.

Le retour à New York fut difficile. Son action fut rapidement oubliée, aussi bien par ceux qui l'avaient missionné que par la plupart de ceux qu'il avait sauvés. Il fut obligé de reprendre son ancien métier d'enseignant comme si la parenthèse marseillaise qu'il avait vécue était sans importance. Il renoue avec cette partie de sa vie en 1965 lorsque l'International Rescue Committee, issu de l'Emergency Rescue Committee, s'occupe d'éditer un porte-folio de lithographies d'artistes passés par les filières de Varian Fry. Il contacte les artistes qu'il avait côtoyés à la villa Air-Bel ou au Centre américain de secours, afin qu'ils collaborent à *Flight*, un hommage à la liberté et à l'évasion. Certains, comme Jacques Lipchitz, resté étroitement lié à Varian Fry, s'exécutent de bonne grâce. D'autres ne montreront pas une bonne mémoire de cette époque, et se feront tirer l'oreille. Carl Steinberg, dans le film de David Kerr, *Varian Fry, passeur d'artistes* (1998), raconte : "C'est une triste histoire. Laissez-moi dire pour commencer que le caractère et l'art ne vont pas toujours de pair. Chagall avait promis d'envoyer une lithographie. Cela prit un bon moment et quand elle arriva enfin, elle avait un grand défaut : elle n'était pas signée, alors que tout le monde sait que c'est la signature qui fait vendre une lithographie ; il a fallu encore un certain temps pour que l'on puisse obtenir son autorisation d'utiliser l'ajout : lithographie originale de Marc Chagall. En ce qui concerne Max Ernst, l'histoire est moins triste et plus triste aussi. Il avait fait une lithographie, comme le montre le tirage envoyé à Fry. Quand Fry est mort, deux ans après le début du projet, Ernst a retiré sa litho et ne s'est plus jamais manifesté[6]."

Jacques Lipchitz sera un des seuls qui rendra hommage à celui qui sera nommé en février 1996 "Juste des nations" par Israël. Il est à ce jour le seul Américain ayant reçu cette distinction. Mais le travail humanitaire accompli, l'attention portée aux créateurs de son temps menacés dans leurs œuvres et dans leur corps, l'influence décisive que son action aura sur l'histoire de l'art aux Etats-Unis, amènent notre fin de siècle à retrouver et à relire dans toute sa vérité une grande figure de notre temps.

Marseille, été-automne 1998

Bibliographie

Jacques Baron, *Anthologie plastique du surréalisme*, Filipacchi éditeur, Paris, 1980.
Daniel Bénédite, *La Filière marseillaise : un chemin vers la liberté sous l'Occupation*, Clancier-Guénaud, Paris, 1984.
Jimmy Ernst, *L'Ecart absolu : un enfant du surréalisme*, Balland, Paris, 1986.
Bernard Noël, *Marseille-New York, 1940-1945*, André Dimanche éditeur, Marseille, 1985.
André Masson, *Les Années surréalistes, correspondance 1916-1942*, La Manufacture, Paris, 1990.
Catalogue : *La Planète affolée*, Musées de Marseille, 1986.
Catalogue : *André Breton, la beauté convulsive*, cabinet d'Art graphique, Centre Georges Pompidou/Musée National d'Art Moderne, Paris, 1991.
Catalogue : *Dessins surréalistes, visions et techniques*, Centre Georges-Pompidou/Musée National d'Art Moderne, Paris, 1995.
Catalogue : *Exilés + émigrés, l'exode des artistes européens devant Hitler*, Musée des Beaux-Arts de Montréal, 1997.
Catalogue : *Des peintres au camp des Milles, septembre 1939-été 1941*, Actes Sud, Arles, 1997.

---

6. Le film a été diffusé sur Arte, fin août 1998.

JEAN ARP *(de gauche à droite, de haut en bas)* : **SANS TITRE**, 1941-1942 *Encre de Chine, 25,5 x 20,8. Collection Greta Ströh, Meudon.* **SANS TITRE**, *Encre de Chine, 26,8 x 21. Collection Greta Ströh, Meudon.* **SANS TITRE**, *Encre de Chine, 21 x 25. Collection Awa Diarra-Ströh, Meudon.*

Ci-contre : **SANS TITRE, COLLAGE DE PHOTOS DÉCHIRÉES**, 1941-1942 *34,5 x 24,4. Fondation Arp, Clamart.*

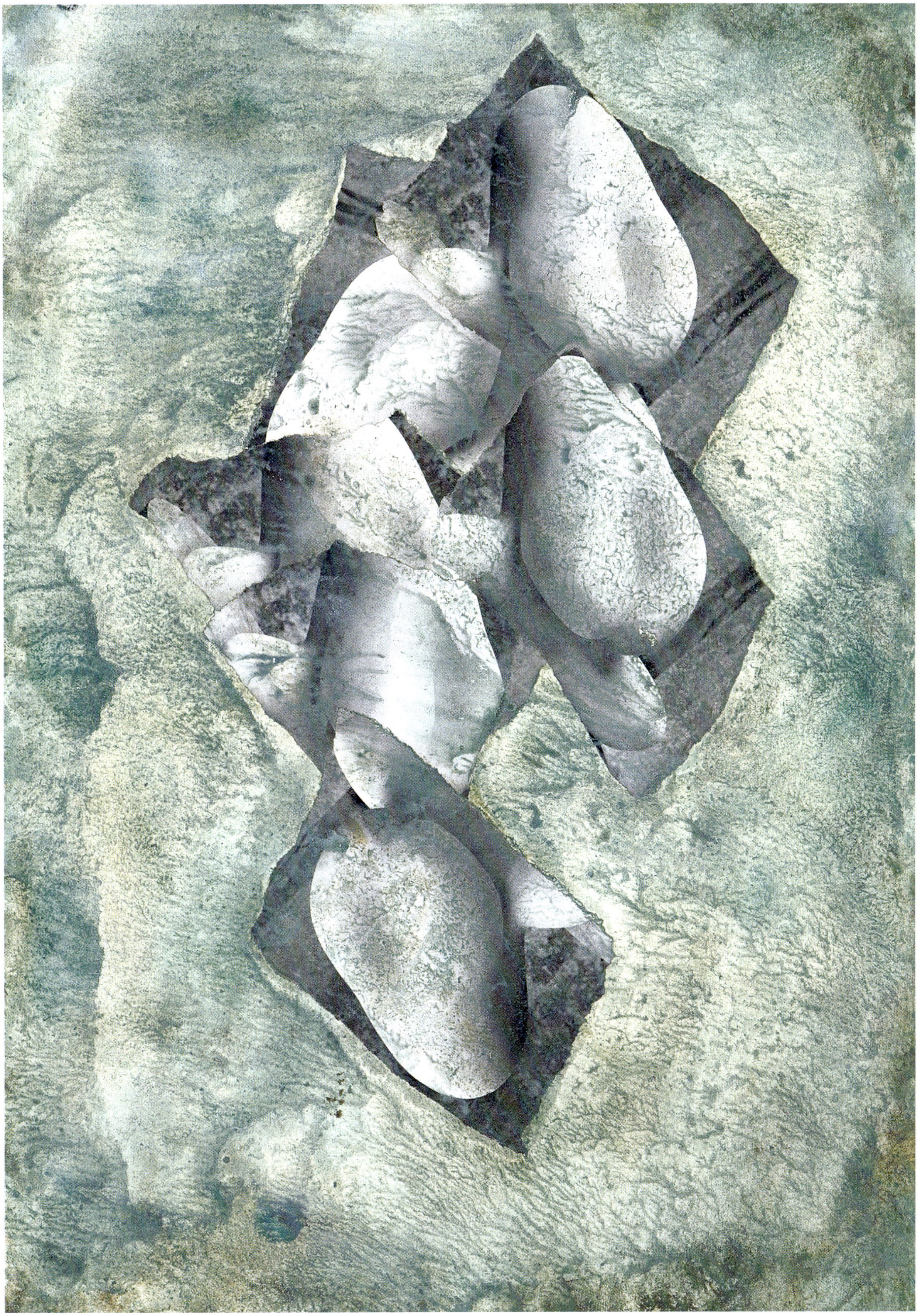

**HANS BELLMER
L'INCENDIE DES
NOUVELLES GALERIES
A MARSEILLE**

*Lithographie, 79 x 58.
Collection Chambre de commerce
et d'industrie de Marseille.*

**HANS BELLMER
LES MILLES EN FEU**

*Burin et pointe sèche, 40 x 57.
Collection Chambre de commerce
et d'industrie de Marseille.*

HANS BELLMER, PORTRAIT DE JOË BOUSQUET, VERS 1940 *Gouache, 28 x 40. Musée Cantini, Archives de la Ville de Marseille.*

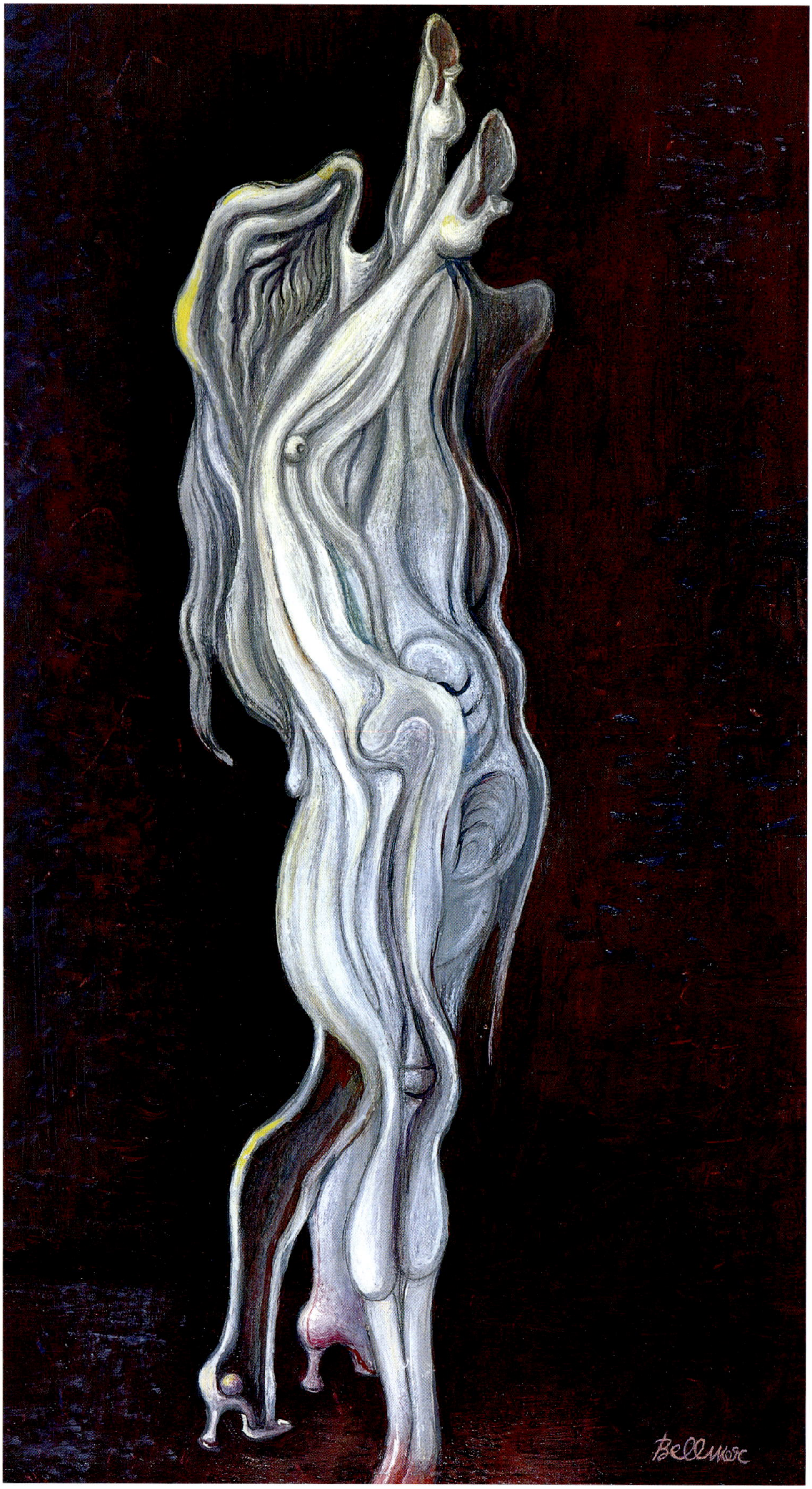
Bellmer

HANS BELLMER, LE CÉPHALOPODE
Crayon sur papier, 12,5 x 18,5. Collection particulière.

HANS BELLMER, CASTRES, 1942
Dessin, 15,5 x 12,5. Collection particulière.

Page de gauche :

HANS BELLMER, SANS TITRE, 1942
Huile sur carton, 33,5 x 19,1. Collection particulière.

VICTOR BRAUNER, TÊTE DE FEMME, 1942
Crayon sur papier, 25 x 18,5. Collection particulière.

VICTOR BRAUNER, LA RAGE DES CONGLOMERS, 1941
*Plume et encre, craies de couleur sur papier jaune, 26,5 x 36,5.
Collection Musée d'art moderne, Paris.*

Page de droite :

VICTOR BRAUNER, LE PETIT TARAPH, 1943
Cire, 23 x 15. Collection particulière.

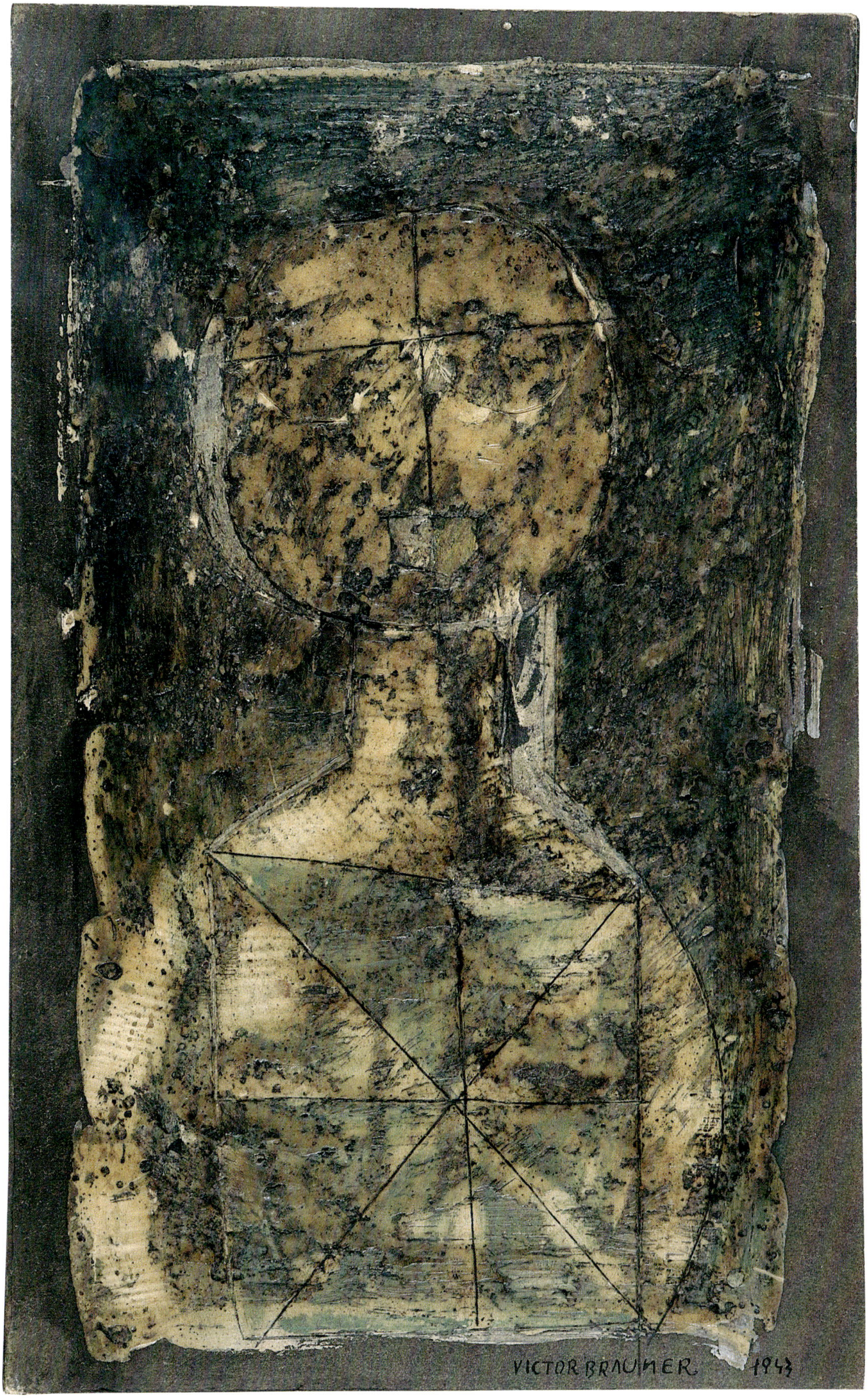
VICTOR BRAUNER 1943

VICTOR BRAUNER, SANS TITRE, 1942 *Dessin et aquarelle, 32 x 25. Collection particulière.*

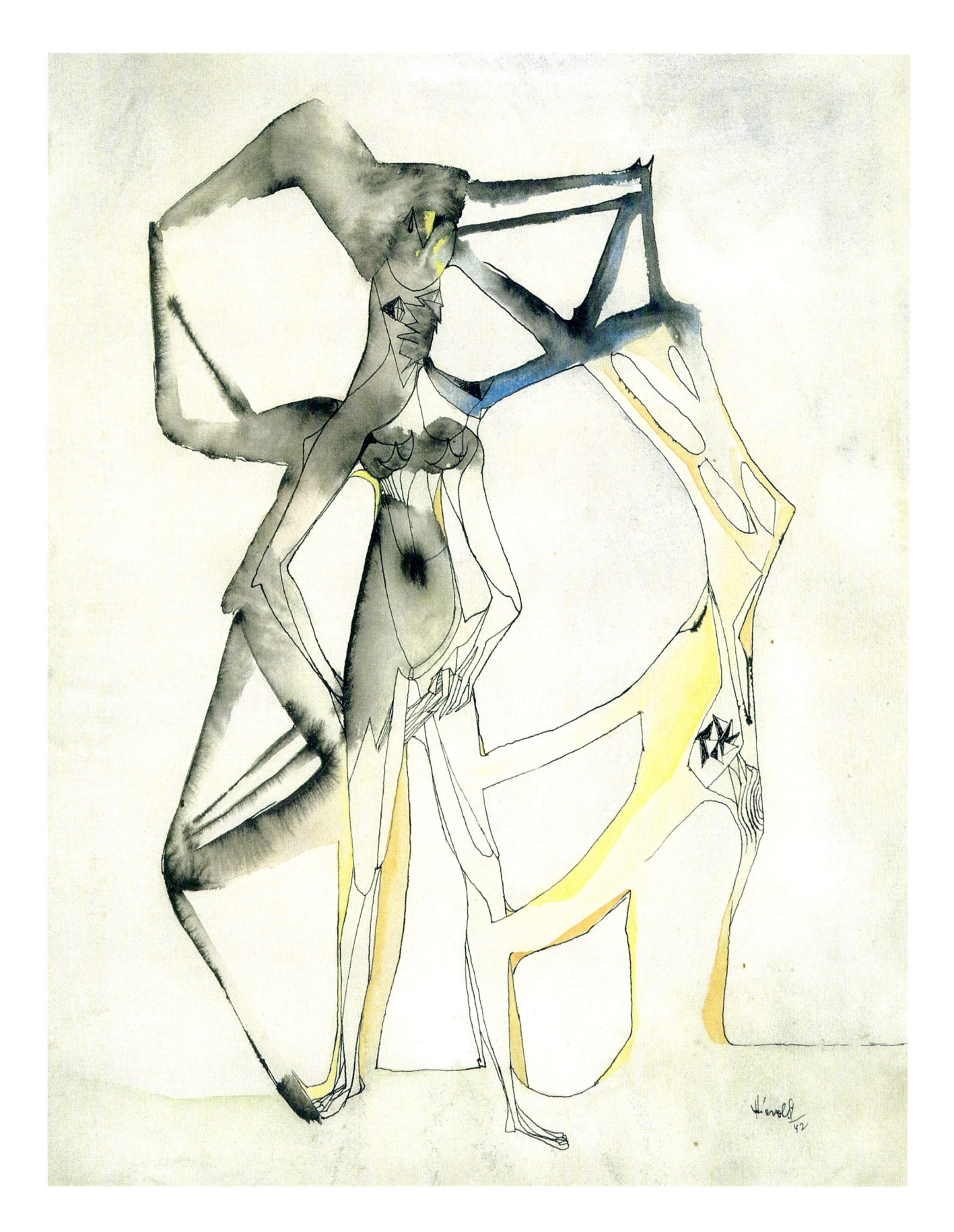

JACQUES HÉROLD, SANS TITRE, 1942 *Crayon lavis, aquarelle, 32 x 25. Collection particulière.*

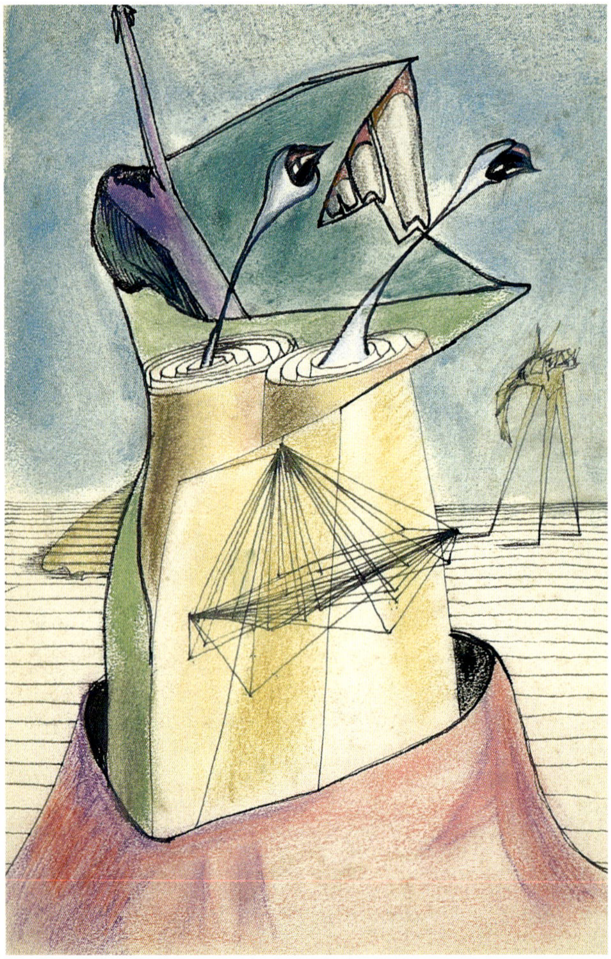

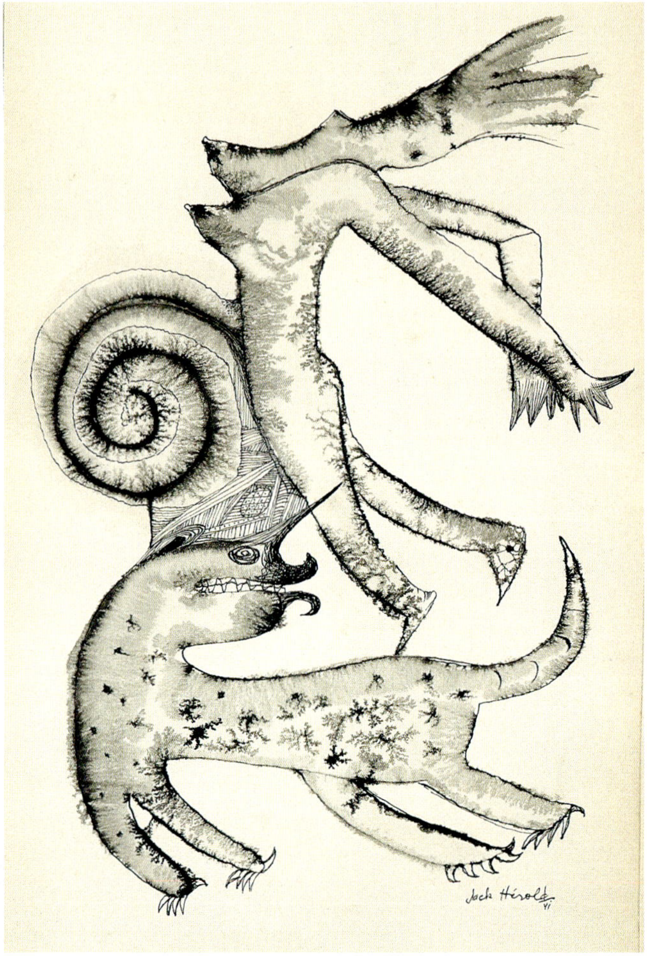

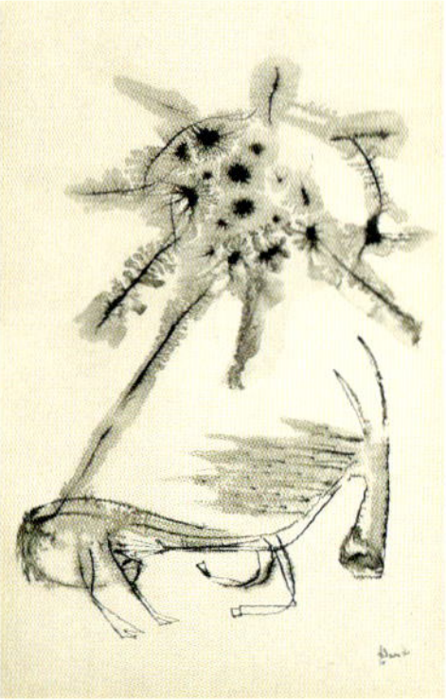

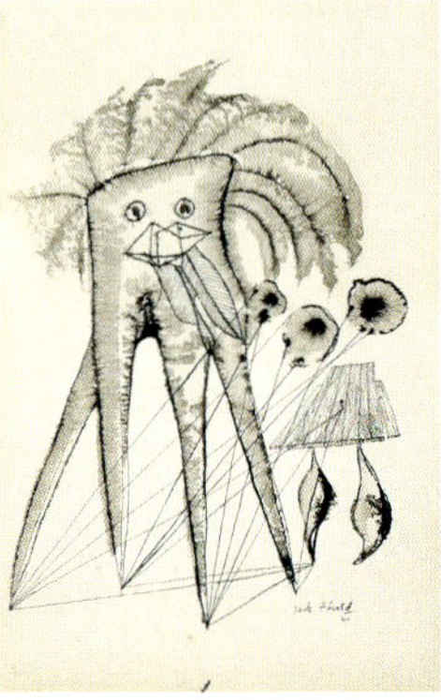

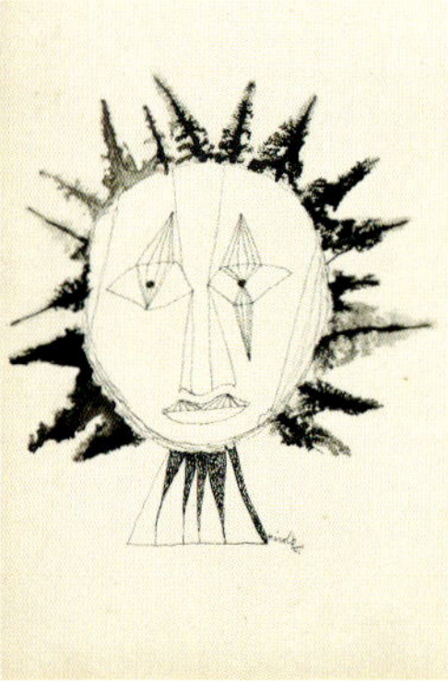

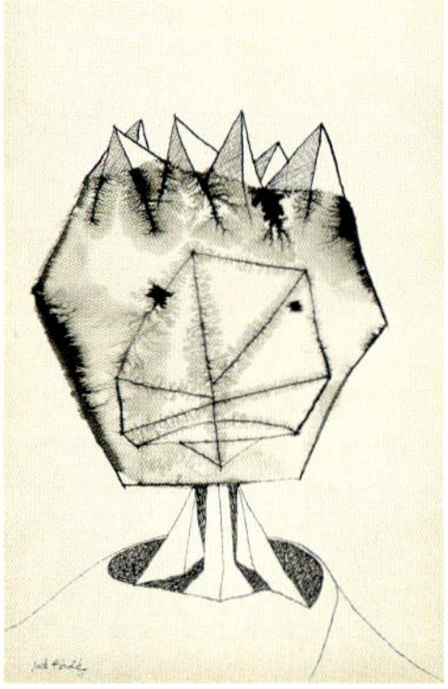

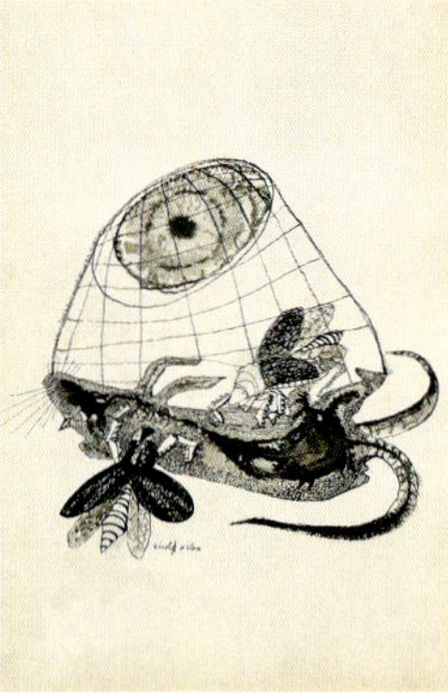

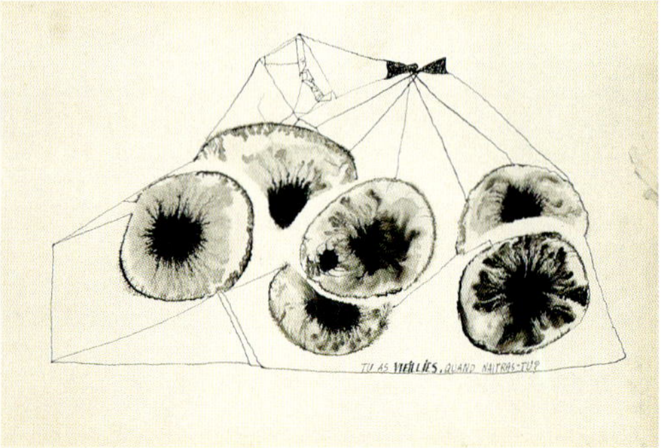

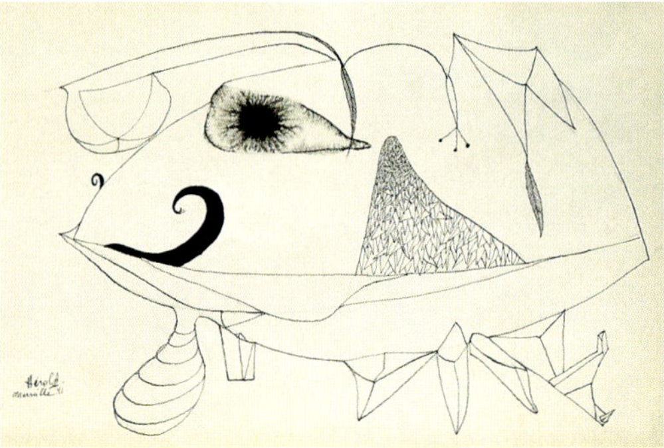

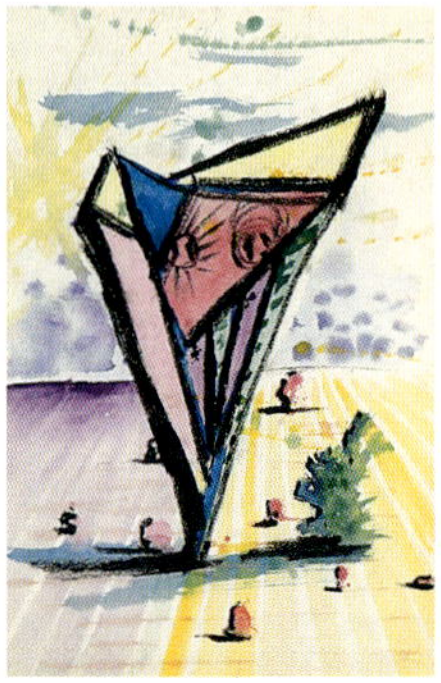

Page de gauche et ci-dessus : **JACQUES HÉROLD, CARNET DE DESSINS, SANS TITRE** *17,4 x 24,8. Collection particulière.*

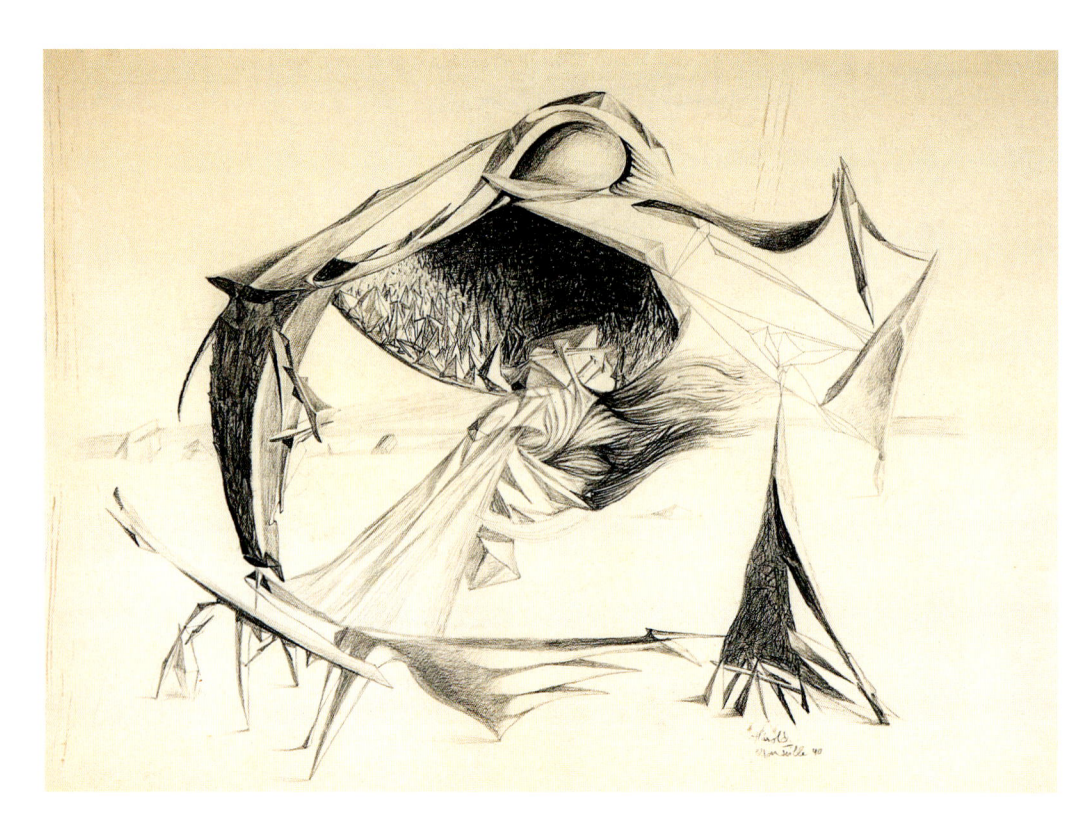

JACQUES HÉROLD, SANS TITRE, 1941 *Fusain sur papier, 46,5 x 63. Collection particulière.*
JACQUES HÉROLD, SANS TITRE, 1941 *Fusain sur papier vergé, 45 x 60. Collection particulière.*

Page de droite : **JACQUES HÉROLD, SANS TITRE,** 1943 *Encre et gouache sur papier, 51 x 39. Collection particulière.*

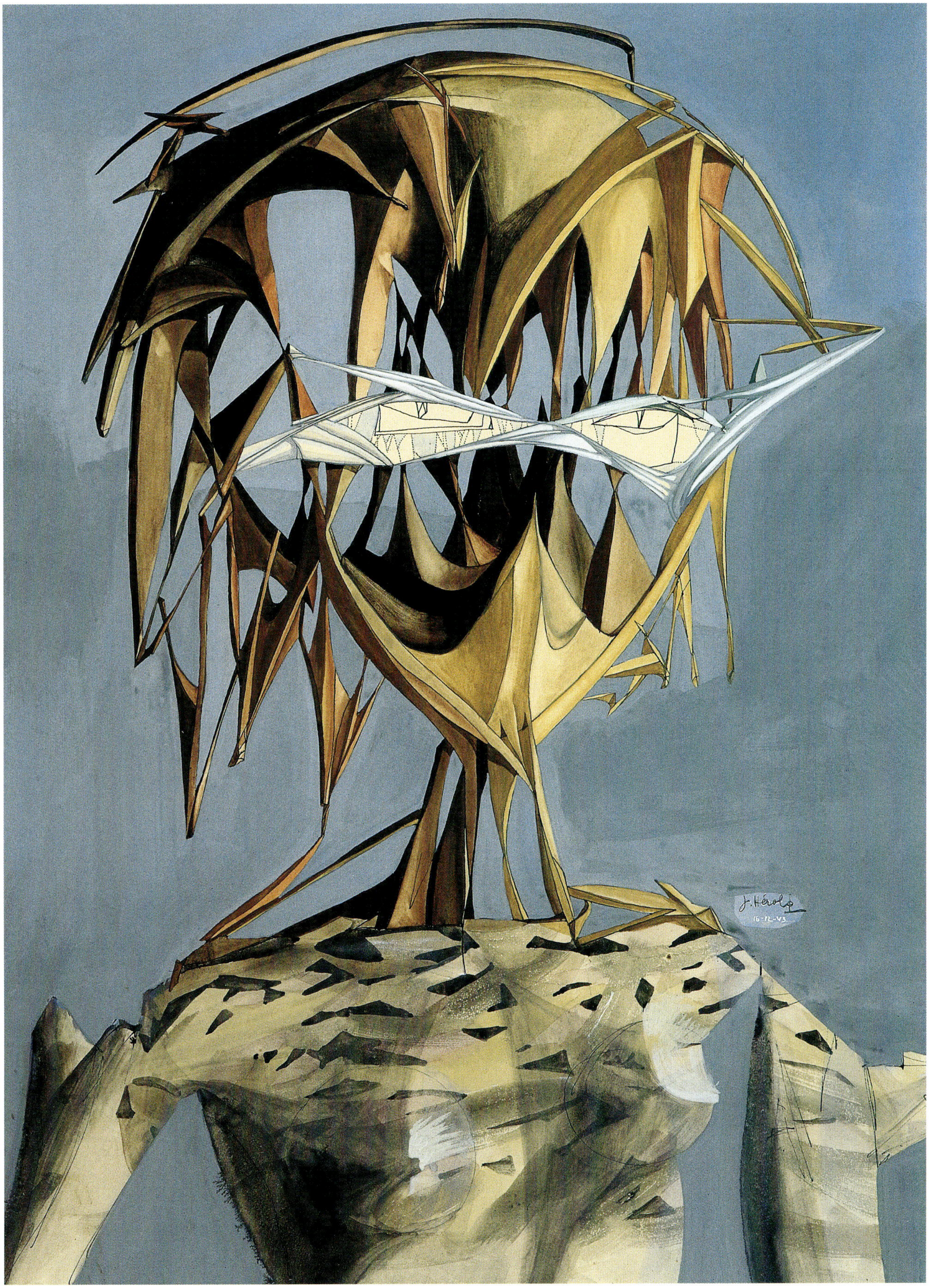
J. Hérold
16-12-43

JACQUES HÉROLD, SANS TITRE, 1942 *Encre et gouache sur papier, 63 x 48. Collection particulière.*

JACQUES HÉROLD, LE JOUR ET LA NUIT, 1940 *Fusain sur papier, 59 x 43. Collection particulière.*

ECRIT A MARSEILLE
1

                Les quais du Port sont pas si fous
                de se quitter sans boire un coup

Sur les quais du Vieux port la nuit encore des bars
où on s'ennuie où les filles les mandiants et les marins
de l'aventure s'en vont pleurant, s'en vont riant dans
la nuit de leur coeur. *(verdure)*
Nous allions manger le sandwich   doux amer de tomate ou
de saucisse grillée ou de coeur   dans un de ces petits
café du quai du port.
Une mendiante se mit à parler, toujours parlent les
mendiants ou autrement elles sont malades, ou elles
cachent des perles.
La mendiante était manchotte et sale. Elle a dût être
jolie mais elle était défaite mais la présence de la
folie la rendait douce comme un fruit vieux.
Nous l'invitons à boire, et elle sourit. Un sourire de
primitif si français, et elle nous dit je suis de Paris
j'ai habité avec ma mère dans le quartier de la Glacière,
c'est beau Paris.
Elles croient toute être où elles ne sont pas. Ou j'irai
trouver mon mari qui est à Sainte-Foix-la-Grande. Il ne
m'écrit plus mon mari. Pourtant il m'avait dit de venir.
Mais depuis que j'ai eu l'accident peut-être qu'il ne
m'aimera plus maintenant. Elle montrait un crucifix qu'elle
embrassait, et les consommateurs l'appelait Margot.
Je lui expliquais que les lettres ne venaient plus maintenant de la zone Occupée. Mais tout cela était-il vrai ?
ou un mensonge. Ste Foix la Grande et le mari et le Paris
Cet homme revenu de la guerre et qui retrouve sa femme
avec un bras en moins. Nous étions devant un être à quai,
un être sur lequel pèse la montagne des destinées.
                les quais du port ne sont pas si fous.

———

                Si Maryeille est si bizqrre
                c'est la faute à Saint Lazare.
La ville de la rose, quand elle effleure la Place Victor
Gelu, elle est jolie et noire, et pourtant je l'ai vu le
nègre ressemblant à Saint Lazare
Il était tout illuminé comme les apôtres. et il fallait
regarder longtemps pour comprendre. Il y avait de quoi
être illuminé quand .... à toutes les heures dures
du monde.
Il s'en allait dans un café, et si ce n'avait pas été
son ombre, je n'aurais pas reconnu Saint Lazare-
Je bus sur le comptoir le même vin, mais il avait l'air
de ne pas comprendre. Pourtant c'était bien le Saint
avec ses yeux bigles, et tout comme il est gravé
dans l'église Saint Victor.
Et puis il sortit du café, et alla rue de l'Amandier,
puis dans cette rue où chante un coq jour et nuit, et
dans celle où il y a un radeau. Il fait noir et le
grand nègre marche et réveille autour de lui, les
maisons les lunes et les vieilles qui se mettent à
courir comme des rats.
Rue de Moïse il ne ressemble plus à Saint Lazare, mais
à un vrai nègre vrai.-Je lui parle: Pourquoi te promènes-tu seul dans les bars. - C'est parce qu'un jour je
commettrai un grand péché, et que je voudrais l'oublier.
Mais que feras-tu ? tu lesais déjà ? tu as un ennemi
quelque part. - Non je ne sais rien depuis des années.
Mais je ferai quelque chose d'épouvantable . Je ne
sais pas encore quoi, mais cela me rend malade,et je
bois. Parfois j'ai froid sur le visage,et je crois
que quelqu'un rentre en moi comme dans un bar, mais
allons au Roi d'Egypte, et ne parlons plus cette nuit.

                                          BRYEN

———

                    Au coin de la Place Victor Gelu à Marseille
il y a un café-tabac, avec des nègres, un mendiant, des hommes et
des femmes et aussi mon souvenir.
                    C'est là que partit l'aventure d'une nuit d'hiver
Au comptoir j'avais remarqué un nègre qui n'avait pourtant rien
de remarquable, mais je l'avais remarqué, bien que les raisons de
cette attention m'échapassent.
            Quelquechose me reliait à lui. Il buvait de l'alcool.
Il appartenait un peu à mon passé, mais comme une chose ou un paysage
plutôt qu'un homme. Je voulais savoir je ne sais quoi. Il paya sa
consommation , et l'un suivant l'autre , nous prîmes la rue de la
Rose près du restaurant "international" la rue de la Rose qui est
rouge et blanche même lesnuits sans lune comme une rose honnête.
Il faisait froid et triste partout, et le nègre marchait devant moi
avec son secret et son silence. Il s'arrêta dans un café. Le patron
était grec, et nous bûmes du raki toujours sans nous connaître. Et
puis la poursuite reprit. Comment pouvais-je ou même devais-je lui
parler ? Il me semblait que l'évènement se préparait.
            Rue du Figuier de Cassis, on but de nouveau. Mais je
vis qu'il se préparait quelque chose. Ne s'agissait-il pas d'une
ressemblance ou plutôt, ce visage ne parvenait pas à
l'apparition d'un autre visage qui me regardait fixement. Comme
un masque se pose sur un visage, ainsi sur le visage du nègre
comme un nuage reconstituait une nouvelle physionomie, qui se décelait
se précisait avec ses yeux rapprochés, peut-être légèrement bigle
et aussi cette légère barbiche.
            C'était quelqu'un de bien, mais encore qui? Et voilà
que ma mémoire me restitue une forme, c'est comme une vertèbre, puis
comme une canne, oui . c'est une crosse qui se tient maintenant près du
nègre, et disparaît.Mais cela m'a définitivement éclairé. Ce nègre
ou plutôt, je crois que ce nègre ressemble à Saint Lazare. Il
ressemble au portrait de Saint Lazare gravé dans la crypte de
l'église Saint Victor de Marseille.
            Rue Moïse, comme nous semblons revenir vers le port
il ressemble de nouveau à un vrai nègre. Je lui parle, je crois
qu'il me prend pour quelqu'un d'autre. - "Pourquoi te promènes-tu
seul dans les bars ? " - C'est parce qu'il me semble que je dois
le faire. Il me semble être coupable sans le savoir. - Mais
enfin, tu sais quelque chose ? ne te sertais-tu pas étrange
tout à l'heure ? -Parfois je bois, car je me sens comme malade.
C'est comme si on entrait en moi, et je sens du froid sur mon visage.
            Mais veux-tu venir, nou boirons ensemble un verre
au "Roi d'Egypte" avant que l'on ne sonne le couvre-feu.

                                        Bryen 1940

CAMILLE BRYEN, "ÉCRITS A MARSEILLE" *(Archives du musée des Beaux-Arts de Nantes).*

MARC CHAGALL, BELLA AU CORSAGE ROUGE, 1940 *Aquarelle et gouache, crayons de couleur sur papier, 68,3 x 50,2. Collection particulière.*

MARC CHAGALL, FEMME A LA LAMPE OU TÊTE DE CHEVAL ET CHEVELURE BLEUE, 1940 *Gouache, 50,2 x 35,5. Collection particulière.*

MARC CHAGALL, LA CHÈVRE ET L'ENFANT, 1940 *Lavis, encre et pastel, 27 x 30,7. Galerie 1900-2000, Paris.*
MARC CHAGALL, ANIMAL VERT, 1940-1941 *Encre de Chine et aquarelle sur papier, 45,5 x 29,1. Collection particulière.*

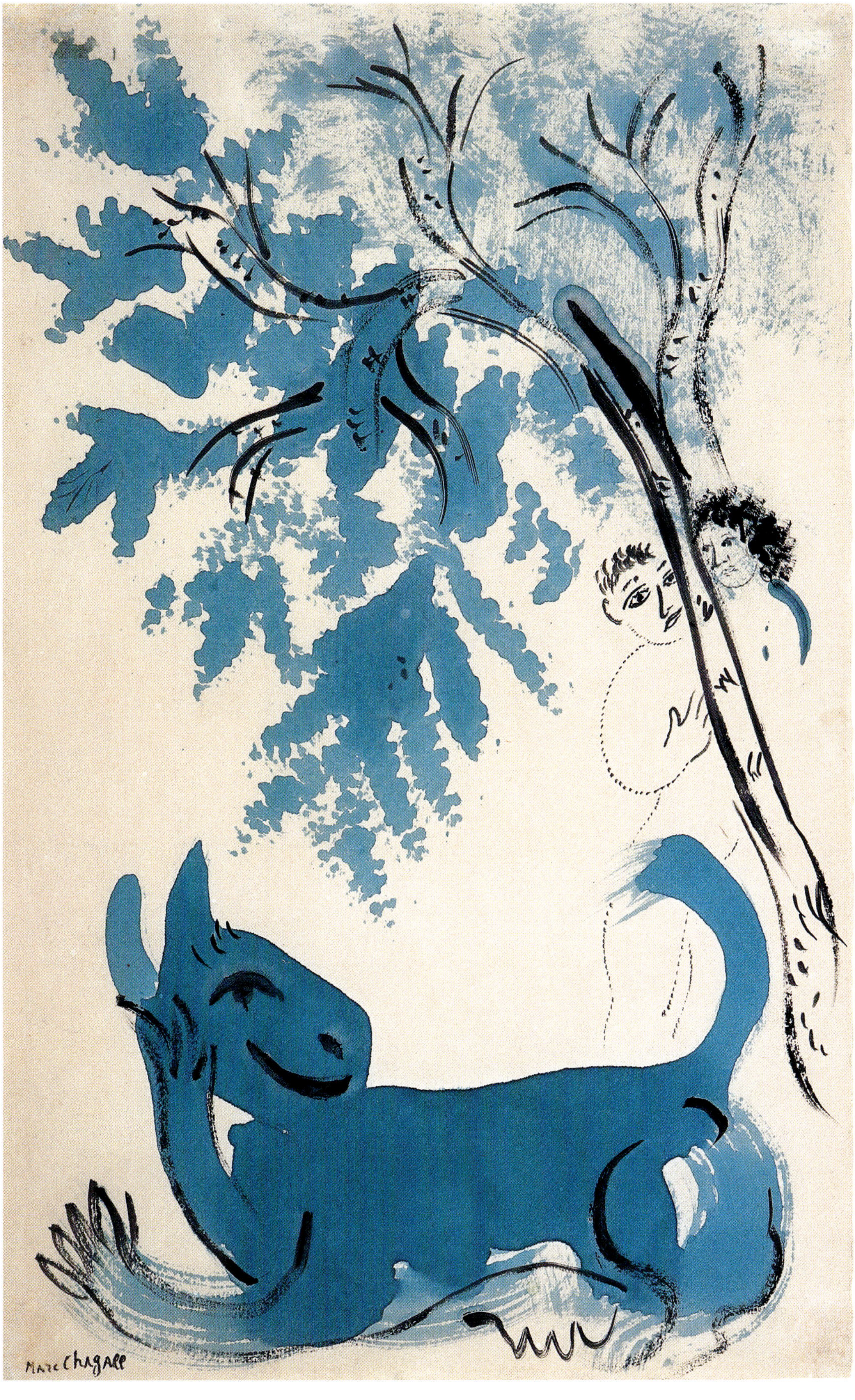
Marc Chagall

MARC CHAGALL, ESQUISSE POUR LE SAMOVAR, 1940 *Gouache et crayons de couleur, 41,5 x 37. Collection particulière.*

MARC CHAGALL, LES CLOWNS, 1940 *Gouache, 34 x 27. Collection particulière.*

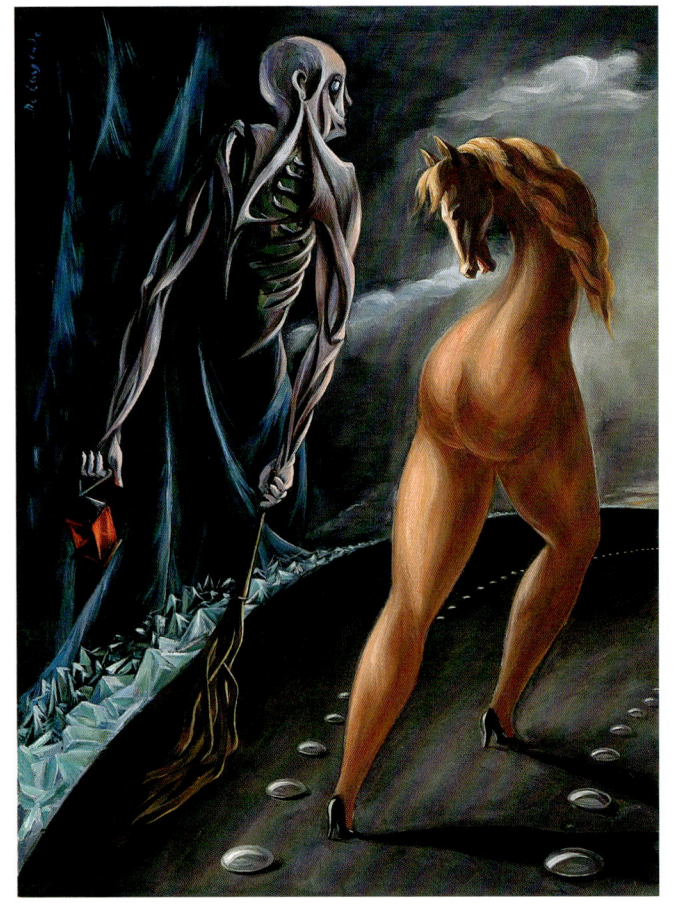

FRÉDÉRIC DELANGLADE
LE MARIAGE DE MADEMOISELLE TROGNON DE POMME,
1942-1943
Huile sur toile, 66 x 99. Collection particulière.

FRÉDÉRIC DELANGLADE
LILI MARLÈNE, 1940-1941
Huile sur toile, 60,5 x 46. Collection particulière.

ESTEBAN FRANCES, QUELQUES CORPS ÉTRANGERS, 1945
*Gouache, encre de Chine et collage sur papier, 50 x 65.
Collection particulière.*

ESTEBAN FRANCES, SANS TITRE, 1938
Huile sur toile, 65 x 81. Collection particulière.

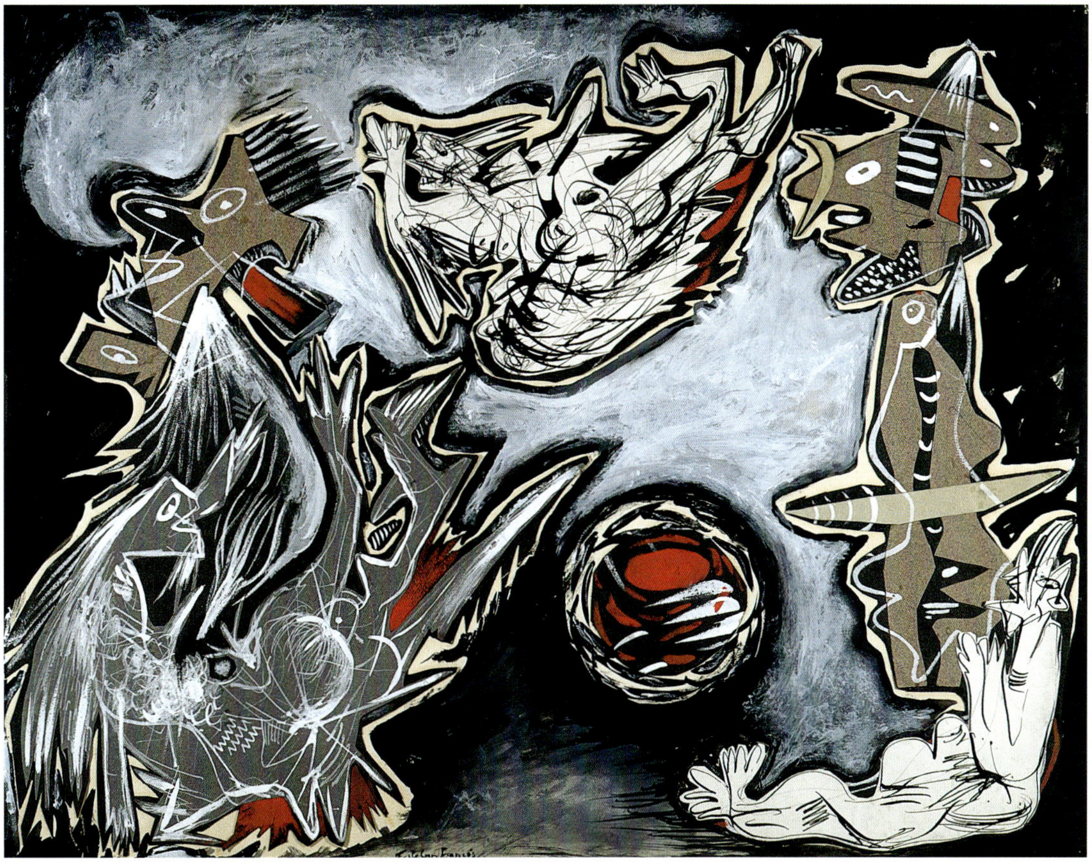

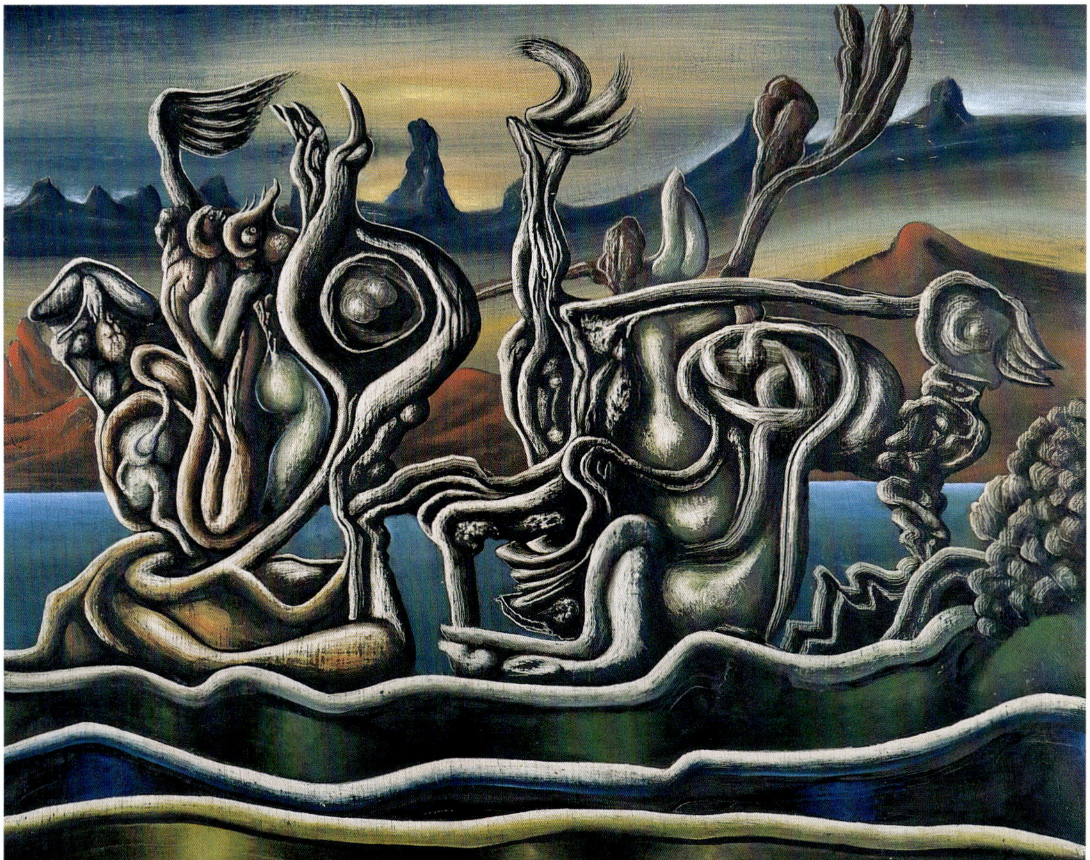
Esteban Francés

OSCAR DOMINGUEZ ET MARCEL JEAN, TABLE-PIANO, PROJET : 1941, RÉALISATION : 1987 *Sculpture en bois, 74 x 206 x 132. Galerie 1900-2000, Paris.*

MARCEL DUCHAMP, BOÎTE EN VALISE, SÉRIE F, 1936-1968 *Coffret en cuir rouge contenant 80 œuvres en reproductions diverses (fac-similés, objets miniatures), 41,5 x 38,5 x 9,9. Collection particulière.*

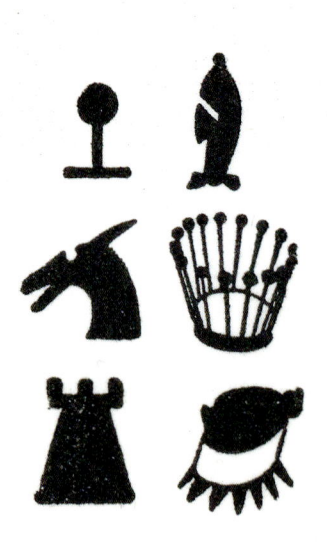

MARCEL DUCHAMP
(de gauche à droite de haut en bas) :

LE SURRÉALISME EN 1947
CATALOGUE DE LUXE,
DÉDICACÉ A MAN RAY, 1947
24,5 x 20,8 x 2,9
Collection particulière

VIEW MARS 1945
MAGAZINE
33 x 25
Collection particulière

ÉPREUVE PHOTO DES
6 PIÈCES D'ÉCHECS PAR
MAN RAY
Photographie originale
11,4 x 8,2. Collection particulière

Page de droite :

"MARCEL DUCHAMP
A PARIS", 1941
Papier, livre édition. 9,6 x 14,5
Collection particulière.

PRIÈRE DE TOUCHER
MARCEL DUCHAMP
1947

MARCEL DUCHAMP

PARIS 1941

MARCEL DUCHAMP, YOUNG CHERRY TREES SECURED AGAINST HARES, 1946 PUBLIÉ PAR VIEW, NEW YORK, N° 75/1000
23,7 x 16. Exemplaire contresigné par André Breton et Marcel Duchamp. Collection particulière.

MAX ERNST, PORTRAIT D'INSECTE, 1948-1949 *Gouache, 32 x 25. Collection particulière.*

WIFREDO LAM, LE BRUIT, 1942 *Huile sur papier marouflé, 106 x 86. Musée Cantini, Marseille.*

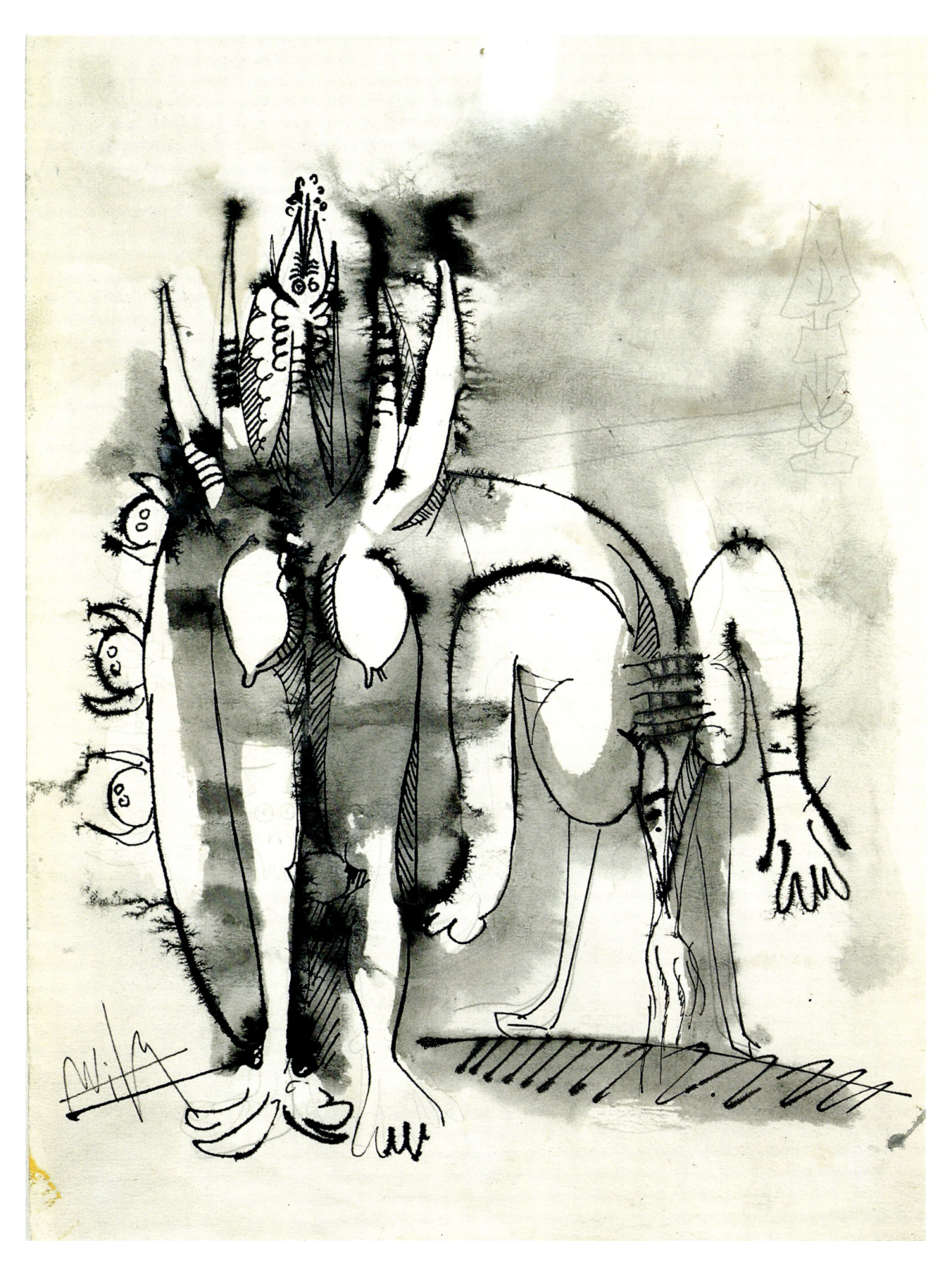

WIFREDO LAM, SANS TITRE, 1946 *Encre et lavis sur papier, 31,5 x 24. Galerie Seroussi, Paris.*

JACQUELINE LAMBA, SANS TITRE, 1943 *Mine de plomb et pastel, 50 x 40. Collection particulière.*

ROBERTO MATTA, SANS TITRE, 1941 *Mine de plomb et crayons de couleur, 64 x 50. Galerie de France, Paris.*

ANDRÉ MASSON, PORTRAITS DE JACQUELINE LAMBA ET D'ANDRÉ BRETON, 1941 *Dessin à l'encre, 60 x 47. Collection particulière.*

ANDRÉ MASSON, MARSEILLE : LA CITÉ, 1941 *Crayon gras sur papier, 24,5 x 31,5. Collection particulière.*

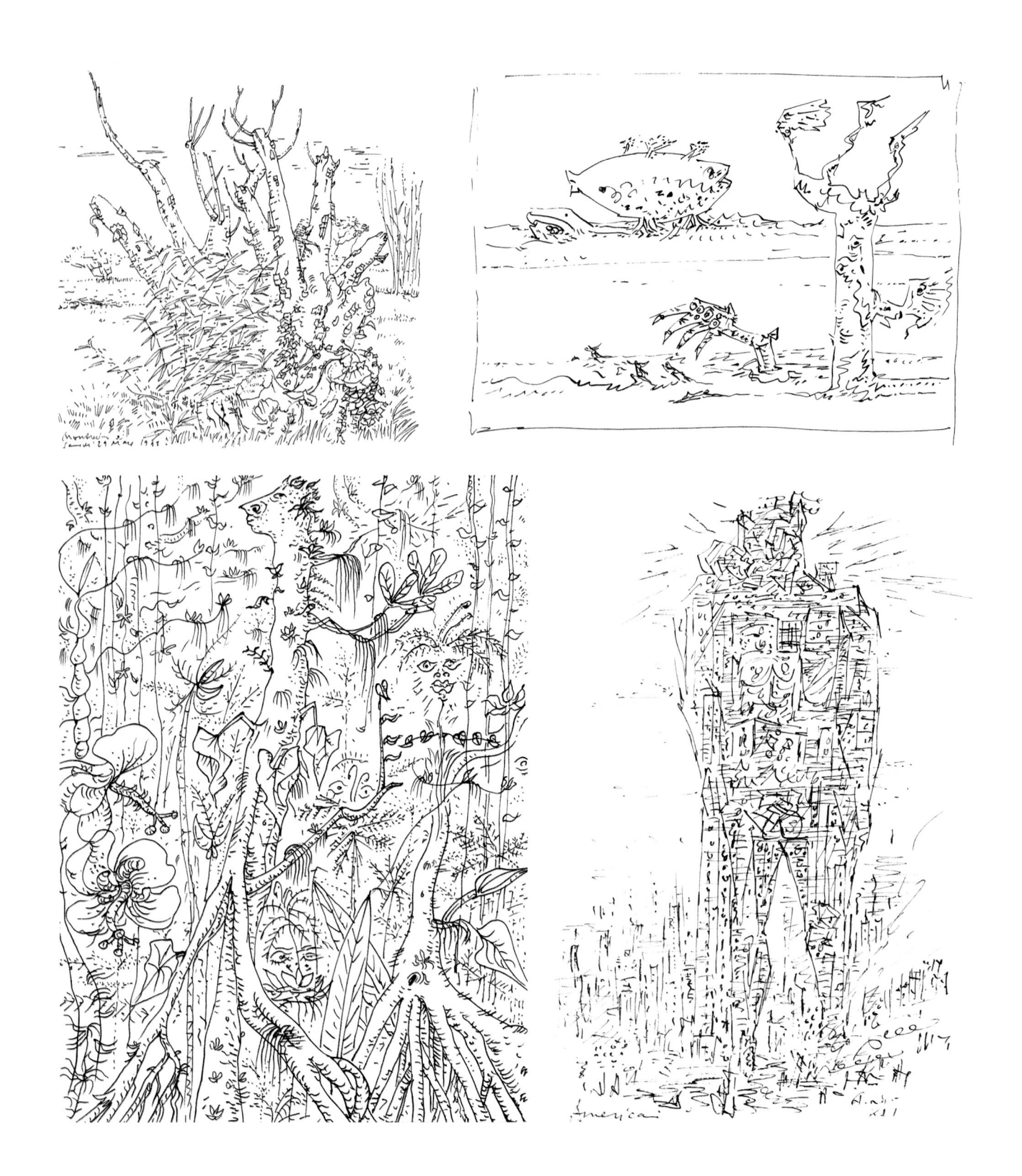

ANDRÉ MASSON *(de gauche à droite, de haut en bas)*

MONTREDON, 1941 *Crayon sur papier, 24,5 x 24,4. Collection particulière.*
PAYSAGE IROQUOIS, 1941 *Encre de Chine sur papier, 21 x 28,2. Collection particulière.*
MARTINIQUE, 1941 *Encre de Chine sur papier, 30,3 x 22,6. Collection particulière.*
AMÉRICA, 1941 *Encre sur papier, 29 x 20,3. Collection particulière.*

ANDRÉ MASSON, MARTINIQUAISES, 1940-1941   *Gouache, pastel et encre sur papier vergé, 65 x 50. Collection particulière.*

ANDRÉ MASSON, MARTINIQUE, 1940-1941 *Encre et crayons de couleur sur papier, 30,3 × 22,6. Collection particulière.*

ANDRÉ MASSON, ÉTUDE POUR ANTILLE, 1941 *Encre sur papier, 25 x 18. Collection particulière.*

JACQUES LIPCHITZ, RETOUR DE L'ENFANT, 1941 *Bronze, 113,5 x 44. Galerie Malborough International Fine Art, Zurich.*
FERDINAND SPRINGER, INSTRUMENTS DE MUSIQUE, 1943 *Technique mixte sur pavatex, 50 x 25. Galerie Callu Mérite, Paris.*

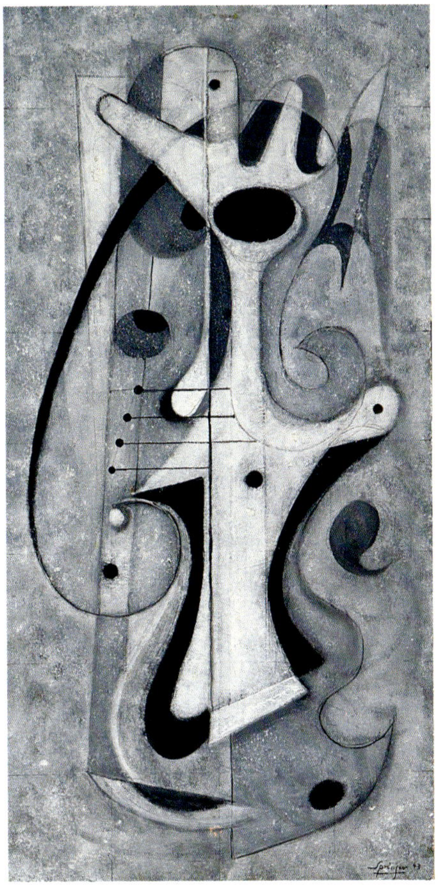
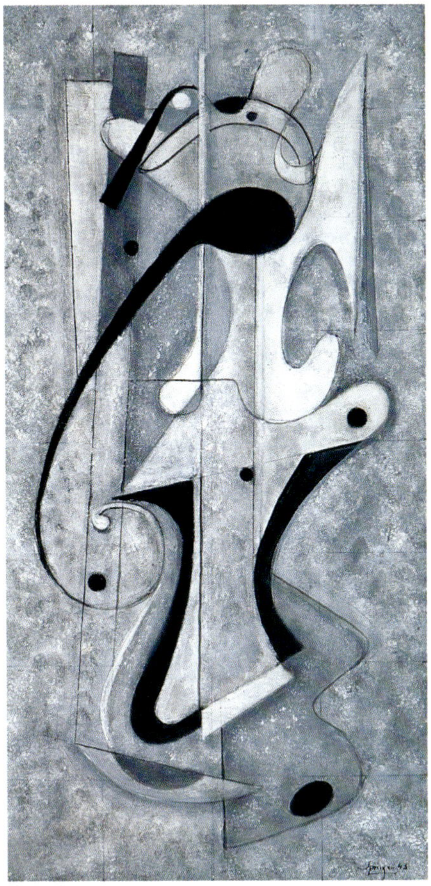
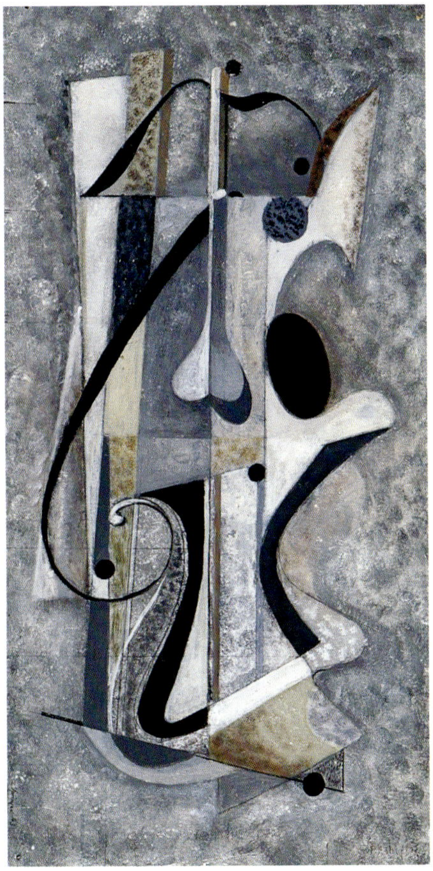
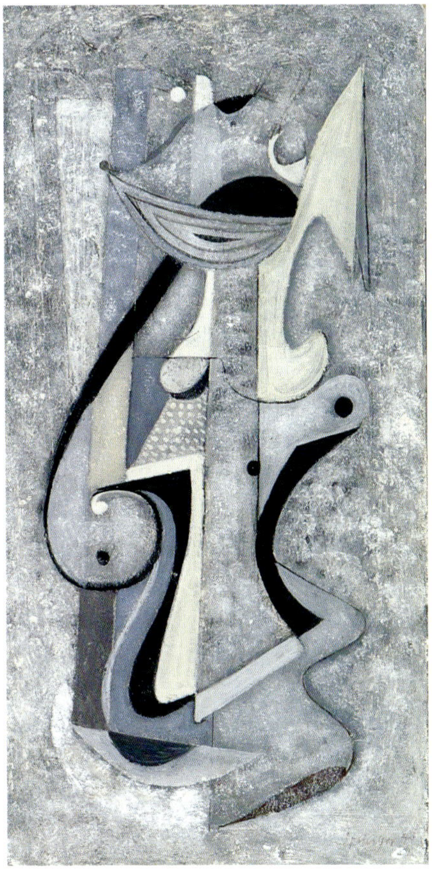

ALBERTO MAGNELLI *(de gauche à droite, de haut en bas)*

SANS TITRE, 1942 *Encre de Chine sur papier bleu, 26 x 21. Galerie Sapone, Nice.*
SANS TITRE, 1940-1941 *Encre et gouache sur papier bleu, 26 x 21. Galerie Sapone, Nice.*
SANS TITRE, 1941 *Encre, crayon gris et aquarelle sur papier, 26 x 21. Galerie Sapone, Nice.*
SANS TITRE, 1940 *Gouache et encre sur carton, 19 x 16. Collection particulière.*

ALBERTO MAGNELLI *(de gauche à droite, de haut en bas)*

SANS TITRE, 1941 *Huile sur toile, 65 x 100. Galerie Sapone, Nice*
SANS TITRE, 1942 *Encre sur papier, 15,7 x 19. Galerie Sapone, Nice.*
RAISON VALABLE, 1942 *Gouache, 24,6 x 32. Collection Awa Diarra-Ströh, Meudon.*

WOLS, LES POISSONS ET LES VAGUES, 1941 *Huile sur toile, 54 x 65. Collection particulière.*

WOLS, IL ME REGARDE, 1940 *Huile sur toile, 42 x 29. Collection particulière.*

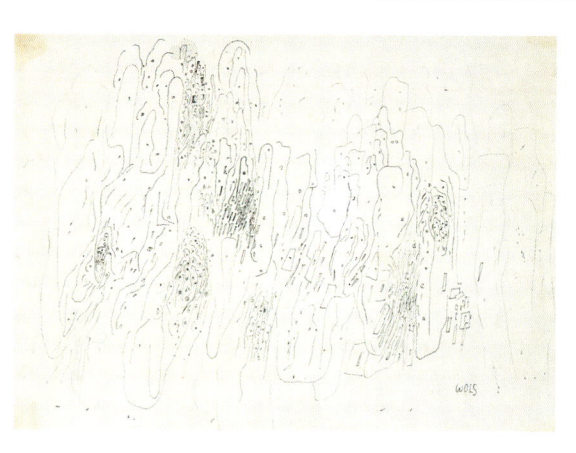

WOLS *(de gauche à droite, de haut en bas)* : **LE PETIT BAR DU CAMP**, 1940 *Aquarelle sur papier, 31,5 x 22,5. Collection particulière.* **LA NÉGRESSE DANSEUSE**, 1940 *Aquarelle sur papier, 32 x 24. Collection particulière.* **MONSIEUR ET MADAME**, 1940 *Aquarelle sur papier, 27 x 32,5. Collection particulière.* **JANUS SUR LE MANÈGE**, 1940 *Aquarelle sur papier, 41 x 29. Collection particulière.* **VILLE ANIMÉE**, 1940 *Dessin sur papier, 22 x 30,5. Collection particulière.* **LES HOMMES ET LES SINGES**, 1940 *Dessin sur papier, 28,5 x 23. Collection particulière.*

WOLS, LE TANK, 1940 *Aquarelle sur papier, 32 x 38. Collection particulière.*
WOLS, L'INACCESSIBLE ROCHER, 1940 *Aquarelle sur papier, 32 x 24. Collection particulière.*

Remerciements

Que soient ici remerciés toutes celles et ceux qui ont encouragé le projet de cette exposition et permis par leurs conseils et leur aide sa réalisation.

Edmonde Charles-Roux, Présidente du Comité Scientifique des manifestations en hommage à Varian Fry ; Pierre Sauvage et la Chambon Foundation – Los Angeles ; Solange Auzias de Turenne ; Karim-Hervé Benkamla ; les Archives de la Ville de Marseille, Sylvie Clair, Directrice ; la Chambre de Commerce et d'Industrie Marseille-Provence et Patrick Boulanger, Chef du département du patrimoine culturel ; Elisa Breton ; François Callu Mérite et la Galerie Callu Mérite – Paris ; Nicolas Cendo, Véronique Serrano, Olivier Cousinou et le Musée Cantini – Marseille ; André Dimanche ; Jacqueline Matisse-Monnier ; Paul Duchein ; Claude Duthuit, Wanda de Guebriant et la Succession Henri Matisse ; Aube Elléoüet ; Marcel et David Fleiss et la Galerie 1900-2000 – Paris ; Jean-Claude Georges ; Régine Got, architecte et les ateliers techniques de la DBA ; Jean-Michel Goutier ; Emmanuel Guigon, Conservateur en Chef de l'IVAM ; Paul Haim ; Delphine Hérold ; Marwan Hoos et la Galerie Marwan Hoss – Paris ; Marc Johannes ; Jean-Paul Khan ; Jean-Jacques Lebel ; Pierre Levai, Président de Marlborough Gallery International Fine Art – New York et Cynthia Garvey ; Guite Masson et le Comité André Masson – Paris ; Méret Meyer-Graber ; Suzanne Pagé, Directrice, Jacqueline Munck, Conservateur et le Musée d'Art Moderne de la Ville de Paris ; Werner Spies, Directeur, Nathalie Leleu et le Musée National d'Art Moderne – Paris ; Doris Obschernitzki ; Yves Péret, Conservateur de la Bibliothèque Littéraire Jacques Doucet – Paris ; Franz Plutschow, Fondé de pouvoir général de la Galerie Marlborough – Zurich ; Marie-Aline Prat ; Docteur Jean-François Rabain ; Annette Riley-Fry ; Vincent Rousseau, Conservateur du Musée des Beaux-Arts – Nantes ; Antonio et Aïka Sapone et leurs enfants et la Galerie Sapone – Nice ; Nathalie Seroussi et la Galerie Seroussi – Paris ; Greta Ströh et la Fondation Arp-Straubert – Clamart ; Georges Tabaraud ; Catherine Thieck, Directrice, Claudine Martin et la Galerie de France – Paris ; Lucien Treillard.

Jean-Noël Guérini
Président du Conseil Général, Sénateur des Bouches-du-Rhône

Claude Vulpian
Vice-Président du Conseil Général, Délégué à la Culture

Annick Colombani
Directeur Général Adjoint de la Vie Locale, de la Politique de la Ville, de la Culture, de la Jeunesse et des Sports

Michel Renaudin
Directeur du Service Départemental des Affaires Culturelles

Valérie Astesano-Vazquez
Responsable du Service Départemental des Affaires Culturelles

Galerie d'Art du Conseil Général
Responsable : Andrée Bajon, assistée de : Christine Marroc, Raymond Levet et Didier Negrel, Valérie Borri, Joël Mallet, Claude Nevado, Yamin Zenou et Claire Alazarine, Marie-Claude Dahan, Hélène Di Pietra, Lydie Grussy, Marylin Kerkikian, Isabelle Marquez, Patricia Ruiz, Colette Schleinitz

Commissaire de l'exposition : Michel Bépoix
Coordination technique et administrative de l'exposition et du catalogue : Clarisse Astier et Chantal Byron-Nioré
Catalogue : Michel Bépoix
Textes : François Bazzoli et Martine Soria
Crédits photographiques : Varian Fry, André Gomès, Jean Bernard, Serge Veignant, Bertrand Prévot et la Photothèque des musées de la Ville de Paris
Contact presse régionale : Gilbert Gaudin, Hôtel du Département, Marseille
Contact presse nationale et internationale : Catherine Philippot, Paris
Transports : Chenue-Duret – Cagnes-sur-Mer
Assurances : Seine et Rhône
Eclairage : Eric Rolland

ERRATUM : A l'occasion de l'élaboration du catalogue exhaustif des textes que Georges Duby écrivit sur des artistes du XXe siècle lors de notre précédente exposition, nous tenons tout particulièrement à remercier Mme Catherine Duby-Kouchner pour son importante contribution.

Ouvrage réalisé par l'Atelier graphique Actes Sud
Reproduit et achevé d'imprimer en décembre 1998
par l'imprimerie Le Govic à Nantes
pour le compte des éditions Actes Sud, Le Méjan,
place Nina-Berberova, 13200 Arles.
Photogravure : Actes Sud
Dépôt légal 1re édition : janvier 1999

Frontispice : A son départ de Marseille,
Marcel Duchamp salue ses amis restés à quai.

© Actes Sud, 1999
ISBN 2-7427-2122-3